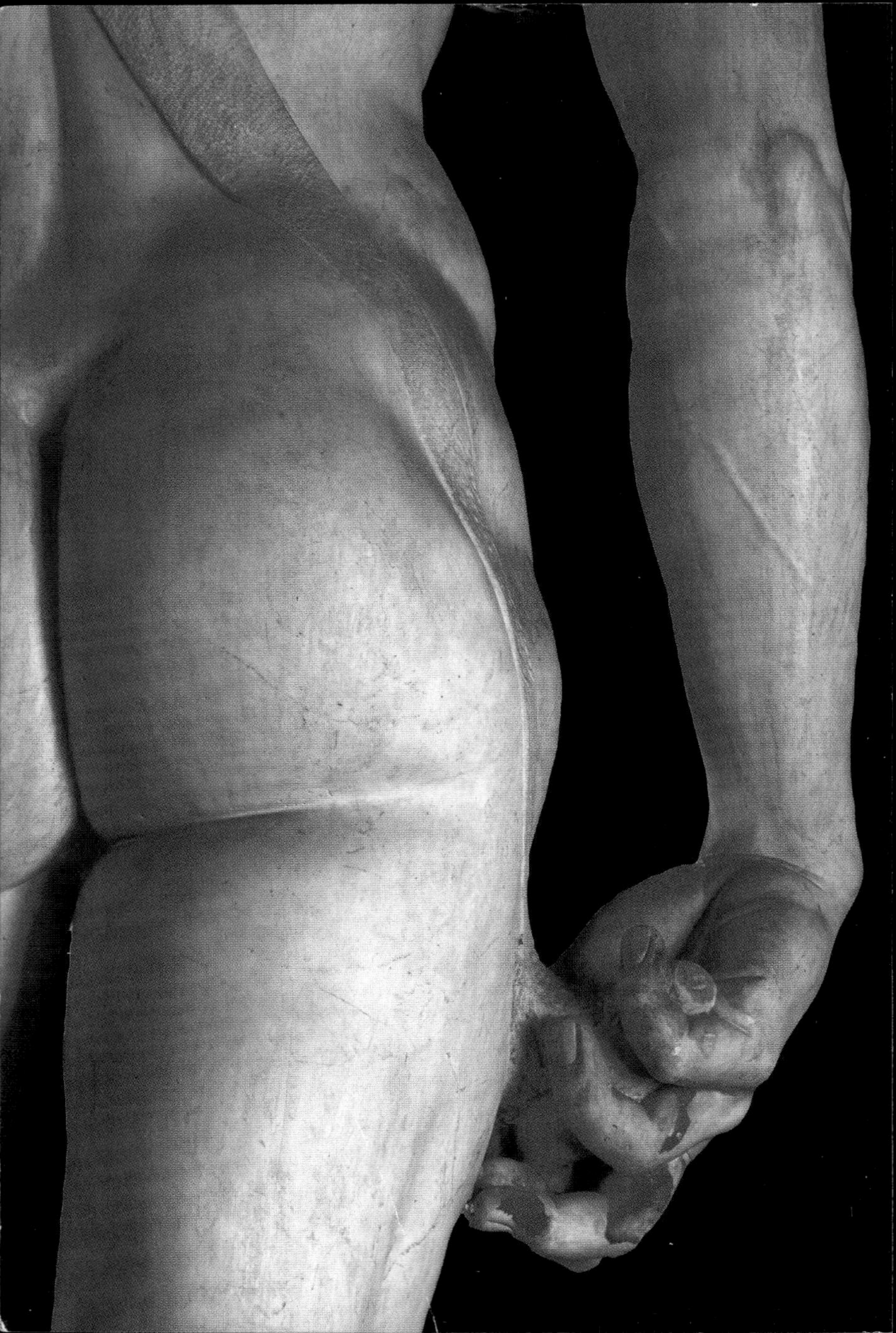

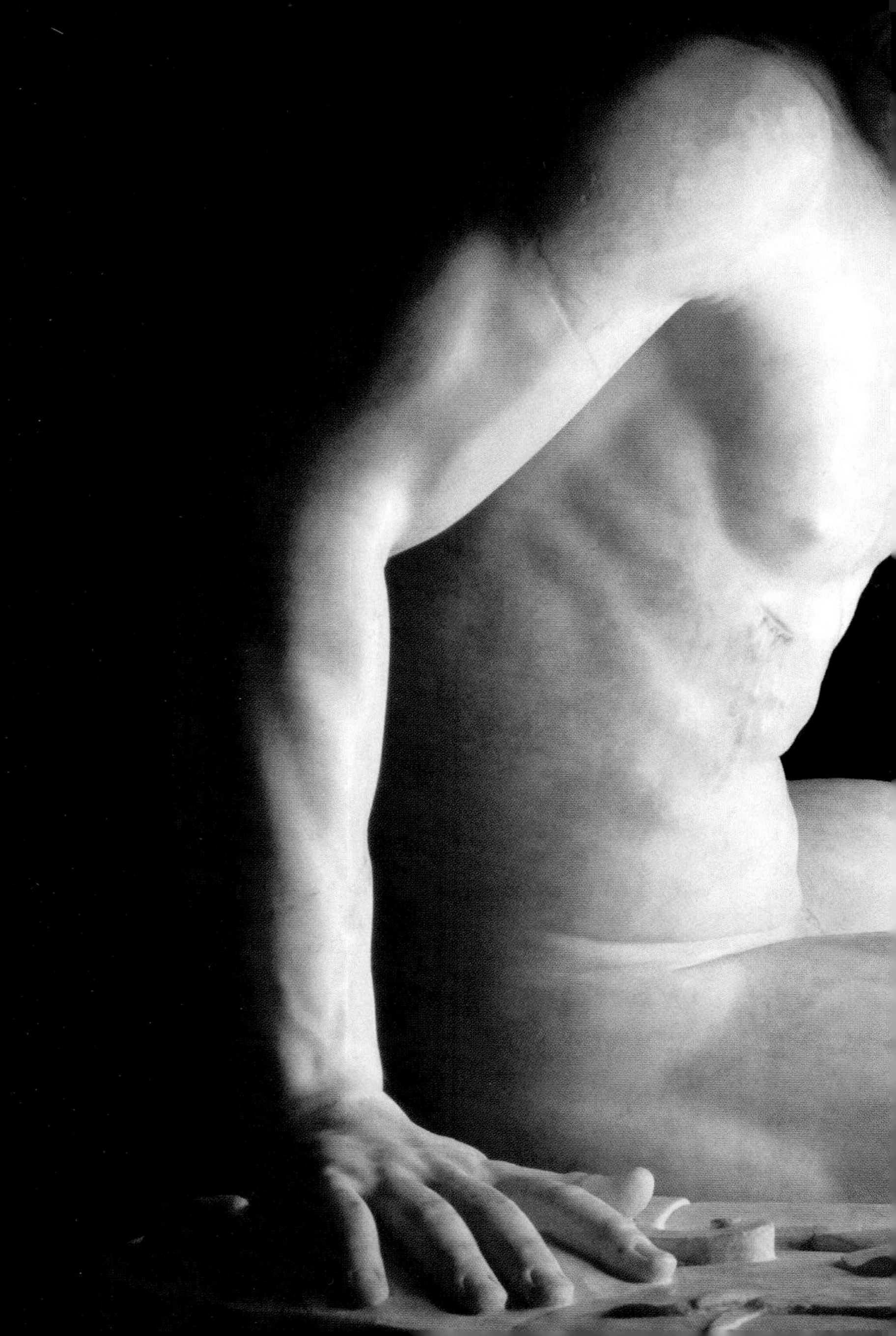

SOMMAIRE

HISTOIRE DE L'ÉROTISME
DE L'OLYMPE AU CYBERSEXE

Pierre-Marc de Biasi

DÉCOUVERTES GALLIMARD
CULTURE ET SOCIÉTÉ

Figure centrale de la préhistoire et des premières civilisations, l'érotisme connaît un âge d'or social et culturel jusqu'au IVe siècle de notre ère. Homosexualité en Grèce, vénération de la femme chez les Étrusques, culte phallique à Rome : les métamorphoses antiques d'Éros rassemblent trois mille ans d'expériences et de rêves sur toutes les formes du plaisir.

CHAPITRE 1

ÉROS ANTIQUE : GRÈCE, ÉTRURIE, ROME

Léda et le cygne (à gauche, bas-relief grec, IIe siècle av. J.-C.) ou comment Zeus, changé en oiseau, séduit l'épouse du roi de Sparte : un mythe qui va inspirer toute l'histoire de l'art.

Ci-dessus, plaque apotropaïque (Délos, période hellénistique) : souverain pour écarter les malheurs, le phallus est sculpté sur les façades des maisons, en signe de bienvenue et de prospérité.

Éros civilisateur

Que l'érotisme ait eu, dès les origines, partie liée à la fantaisie sexuelle et au savoir-faire technique, c'est ce qu'indique ce double phallus (1700-1100 av. J.-C.). Mais les symbolisations de vulves (en bas, *Vénus* de l'abri du Roc-aux-Sorciers, Angles-sur-l'Anglin, 14 000 av. J.-C.) laissent même supposer qu'Éros a été l'inspirateur d'une forme primitive d'écriture pictographique.

Si l'érotisme, comme l'art ou l'humour, ne se laisse emprisonner dans aucune définition, c'est que son objet – le plaisir sexuel pour lui-même, hors de toute injonction biologique – est spirituel et non pulsionnel : il relève d'un univers imaginaire où le désir devient créateur de ses propres représentations. Depuis cinquante ans, cet univers a été pris en otage par les adeptes de l'effroi, les sectateurs de Sade et les émules de Bataille. Ce culte de la cruauté et de la mort, hanté par l'idée chrétienne de faute, ne peut faire oublier l'étendue infiniment plus vaste et, somme toute, plus enthousiasmante, d'un érotisme affirmatif et civilisateur : celui qui constitue le socle mythique et quotidien des premières cultures, celui qui a participé à toutes les grandes batailles pour la libération des esprits et des corps, bref, celui qui a construit notre humanité. Le règne animal connaît le rituel de « séduction » mais pas l'« érotisme » qui suppose l'écart de la langue, la conscience de soi et des autres, la liberté du jeu avec les interdits, la capacité à concevoir et à former des artefacts symboliques.

Homo eroticus

Bien avant l'*Homo sapiens sapiens*, cette histoire commence avec la station verticale de l'*Homo erectus*. Les organes phonatoires se

Selon la description qu'en donne Georges Bataille, la « scène du puits » (ci-contre) met aux prises un bison éventré, dont les viscères pendent jusqu'au sol, et, face au monstre qui va fondre sur lui, un chasseur blessé à mort, couché à terre, qui n'a plus la force de saisir son javelot à ses côtés, mais dont le sexe est dressé, de manière aussi triomphante qu'inexplicable dans ces circonstances. L'essayiste y voit la « révélation fondamentale » sur laquelle étayer sa thèse : « l'érotisme lié à la mort [...] la mort liée au péché, liée à l'exaltation sexuelle, à l'érotisme ! » (*Les Larmes d'Éros*). Les préhistoriens d'aujourd'hui ont une tout autre lecture. Le motif où l'écrivain reconnaissait des viscères est en fait un idéogramme en forme de vulve qui marque l'équation bison=femme, comme dans la plupart des peintures rupestres de l'époque. Face à la femme-bison, l'homme est couché, mais nullement parce qu'il agonise : il attend d'être chevauché par sa partenaire et son sexe levé figure son désir d'homme, que confirme le javelot, près de lui, équivalent masculin du symbole de la vulve.

développent : le cri devient voix, langage articulé. L'œil, de plus haut, voit plus loin dans l'espace : il anticipe. La main, libérée, fabrique l'outil et le manipule. C'est le début de l'aventure technique, c'est-à-dire de l'hominisation. Cette mutation est aussi sexuelle et mentale. À quatre pattes, la femelle faisait de ses organes génitaux une évidence. Avec la station debout, le sexe féminin se dérobe au regard, il devient une absence, un manque, une énigme : déjà presque une idée. C'est le début du mystère féminin, peut-être de la représentation. Inversement, le sexe masculin, désormais s'exhibe : en érection, le phallus ressemble au javelot. Dans *L'Érotisme* (1957) et *Les Larmes d'Éros* (1961), Georges Bataille donne, avec raison, une place centrale à la « scène du puits » de Lascaux, en se trompant sur son sens : le chasseur ithyphallique symbolise l'érotisme des origines, mais sans l'« effroyable révélation » d'un « lien natif » entre le sexe et la mort.

L'épopée du désir

L'érotisme est indissociable de la sexualité, mais s'en différencie comme le mot se distingue de la chose. Son histoire, qui est celle de ses représentations, suit l'évolution des techniques : on ne rêve pas des mêmes images à l'âge de la fresque ou de la gravure sur métal, du daguerréotype ou du pixel, de l'épigramme, du roman ou du clip télévisé. Mais à la simple ressource technique, qui suffit à la pornographie, l'inspiration érotique ajoute ce supplément d'âme que nous appelons l'art. Chaque époque lui réserve, quelque part dans le monde, sa terre d'élection : à l'heure la plus noire des censures chrétiennes en Occident, il s'épanouit dans l'Inde polythéiste du XIe siècle. Malmené, d'âge en âge, par l'ascétisme et les dictatures, l'érotisme raconte l'épopée du désir humain aux prises avec l'adversité, mais aussi avec ses propres limites : une puissance à exister qui affirme sa passion pour la liberté, son goût de l'impossible et un inassouvissable besoin de bonheur et d'éternité. Aussi inégalitaire qu'« inaliénable », le plaisir érotique a longtemps été le privilège des grands, mais il aura aussi représenté, en six mille ans d'histoire, le seul bien que les plus démunis ont eu à partager quand tout le reste leur était refusé.

L'épopée de *Gilgamesh* raconte comment le brutal Enkidu s'humanise : « Elle laissa tomber son écharpe / Et découvrit sa vulve, pour qu'il pût jouir d'elle / Hardiment, elle le baisa sur la bouche / Alors il s'allongea sur elle, / Qui lui montra à ce sauvage, / Ce que peut faire une femme. » Un catalogue de prières indiquait aux femmes de Sumer ce qu'il faut dire pour « rire » (« faire l'amour ») jusqu'à l'orgasme (*nîsh libbi* : « lorsqu'on sent son cœur s'emballer ») : « Excite-toi ! Bande ! […] Fais-moi l'amour six fois ! Fais-moi l'amour parce que je suis jeune […] et moi, je t'apaiserai. »

Éros archaïque

Idoles au pubis fendu et textes cunéiformes attestent l'ampleur prise dès le IIIe millénaire par l'érotisme à Sumer. De l'amour civilisateur de la Mésopotamie aux luxures cosmologiques de l'Égypte ou à la voie du tantra en Extrême-Orient, le culte du plaisir sexuel est au fondement des premières civilisations organisées. À l'aube du judaïsme, le Cantique des cantiques n'en fait pas mystère : « Que tu es belle,

Les Égyptiens font de l'amour une valeur centrale de leur vie et de leur culture. La langue écrite utilise la représentation d'une vulve pour parler de la femme et du phallus pour désigner l'homme ou le mari. Les deux hiéroglyphes superposés signifient le coït. La nudité est licite pour les danseuses et les musiciennes à qui l'on confie la réussite d'une soirée (à gauche, peinture murale de la tombe de Nabamun, à Thèbes). L'érotisme égyptien, joyeux et sans pudeur, associe au plaisir sexuel une fête de tous les sens, bénie par l'au-delà. Bas-reliefs, rondes-bosses et fresques sacralisent un désir porté à la puissance de l'inhumain par des dieux ithyphalliques à têtes d'animaux qui procèdent à de fantastiques dépenses de sperme (ci-dessus, le dieu Min, temple d'Amon, à Karnak). Aton-Rê, dieu soleil, crée sa descendance en se masturbant, geste inspiré à sa main par une force féminine aussi universelle que sa propre puissance masculine : Hathor, dite « la main d'Atoum », déesse de l'amour et de tous les plaisirs. Les enfants d'Aton le masturbateur, le dieu Shou et la déesse Tefnout, s'épousent et font de la procréation sexuelle la nouvelle logique de la création.

ma tendre amie [...] / Le bas de ton ventre est une coupe ronde / Où le vin parfumé ne devrait pas manquer. [...] Tes deux seins ressemblent à deux faons, jumeaux d'une même gazelle » (CC, VII, 4). En revanche, dans la Genèse, une pluie de soufre ardent calcine Sodome et Gomorrhe, Onan meurt pour avoir répandu son sperme « par terre », et avec le Deutéronome, la Bible formule la première codification des interdits que le monothéisme réserve aux « déviances », idée promise à un bel avenir, mais qui appelle la transgression : Booz et Ruth, Jacob et Rachel, la femme de Putiphar, Loth et ses filles, Suzanne et les vieillards, Salomon et la reine de Saba, David et Bethsabée.

Si l'on en juge par la profusion des traces qui nous sont parvenues, c'est dans le monde grec que l'érotisme antique trouve son expression la plus variée et la plus déviante par rapport à ce que seront les normes de l'Occident judéo-chrétien et de l'Orient musulman. De la statuaire aux peintures sur céramique, des mythologies amoureuses aux philosophies hédonistes et athées, de la poésie licencieuse aux panoplies d'objets érotiques (*olisboï*), la culture hellénique explore tous les aspects physiques et mentaux du désir sexuel, avec une sorte de curiosité sans limites et en paraissant méconnaître la plupart des interdits : érotisme divin, apologie de l'homosexualité masculine et tolérance pour sa version féminine, culte du phallus et de la nudité, intérêt bienveillant pour la zoophilie et la flagellation, estime pour l'obscur sado-masochisme des rituels dionysiaques… Mais l'originalité la plus frappante de l'érotisme grec est son attachement crucial à l'amour masculin.

L'amour des garçons

Aucune civilisation antique n'a donné une place aussi centrale ni aussi officielle à ce que nous appelons l'homosexualité et qui paraissait si simple aux Grecs eux-mêmes que leur langue n'avait pas de mot spécifique pour en parler. Il est considéré comme allant de soi qu'un jeune garçon (éromène), entre 12 et 18 ans, soit courtisé par un homme d'âge

La valorisation de l'homosexualité paraîtra longtemps incompatible avec l'idée que le monde grec constitue le socle même de la culture occidentale. Au mépris des documents, les historiens ont préféré nier tout caractère sexuel à l'amitié virile chez les Grecs. Il faut attendre la révolution sexuelle des années 1970 pour que le problème soit posé, et résolu par une réduction de la relation éraste-éromène à un simple « rituel de passage » des jeunes hommes à la société adulte : une façon d'oublier le désir individuel, au profit d'une lecture ethnologique qui obligeait à considérer les Grecs comme un peuple primitif : le prix symbolique à payer pour ne plus avoir à s'interroger sur des images comme celles de la coupe ci-dessous (510-500 av. J.-C.).

mûr (éraste) qui doit le séduire en jouant un rôle actif dans la relation sexuelle et le prendra sous sa protection jusqu'à ce que l'éphèbe atteigne l'âge de devenir lui-même un éraste. Si l'éromène est particulièrement beau, il n'est pas rare qu'il ait successivement plusieurs amants : au Ve siècle, Alcibiade, fils de grande famille, remarquable par sa taille et la grâce de son corps, a non seulement été l'amant de Socrate mais l'éromène de plusieurs autres érastes. Dans la meilleure société, ces relations amoureuses entre hommes sont considérées comme beaucoup plus valorisantes que les relations avec les femmes. La sodomie est aussi prisée que la fellation, mais exclusivement si les rôles, actif et passif, sont respectés : à l'éraste d'imposer sa virilité à l'éromène, sans inversion possible du scénario. Ce serait une honte infamante pour un éraste de se montrer passif et efféminé. Il n'y a donc qu'un pas entre la pédérastie, considérée comme symbole d'excellence, et l'homosexualité dégradante qui conduirait un homme mûr à se laisser pénétrer comme une fille. C'est pourquoi, sur les vases à décoration érotique, les peintres prennent généralement grand soin de figurer une

À gauche, scènes érotiques illustrant un trépied de Béotie (VIe siècle av. J.-C.) ; de haut en bas : une femme s'insurge devant l'érection exagérée de son partenaire ; deux hommes barbus discutent : celui de droite refuse les avances pressantes de l'autre qui le supplie ; solitaire, le troisième homme se masturbe en exhortant les deux couples à suivre son exemple : « Diogène a bien évité tous les ennuis, lui qui avec sa main chantait l'hymne nuptial, sans avoir besoin de Laïs » (Agathias Scholastikos). Mais les jeux à trois offrent une autre solution, qui peut réjouir chacun (ci-dessous, stamnos attribué à Polygnotos, Ve siècle av. J.-C.).

barbe pour identifier le visage des érastes en érection, et des joues imberbes pour les éromènes qui leur servent de jouet sexuel.

Culte de la nudité

Dans la statuaire grecque, l'exaltation du corps masculin nu est plus ancienne que celle du corps féminin : les effigies de *kouroï* (jeunes hommes) les plus archaïques exhibent leur sexe sans le moindre voile alors qu'il faut attendre le Ve siècle avant notre ère pour que les statues de jeunes filles (*koraï*) laissent deviner les courbes du corps féminin grâce à la technique de la draperie mouillée, sans jamais détailler la vulve qui, mystérieusement, ne présente jamais la moindre fente. C'est aussi une société d'hommes, le plus souvent nus, que met en scène l'iconographie des vases attiques. Dans la cité, le sexe masculin se dresse de la manière la plus osée à chaque carrefour sous la figure d'Hermès, et dans les lieux publics, les statues des dieux, des héros et des grands hommes contemporains ne cachent rien de leur intimité.

Mais ce culte de la nudité masculine ne se limitait pas aux représentations. Gymnase, stade, thermes, où ne paraît jamais la moindre

Les Grecs vouaient un culte à l'athlète Orsippos de Mégare (721 av. J.-C.), dont le pagne s'était dénoué en plein stade et qui avait fini sa course nu, innovation qui fit aussitôt des foules d'adeptes. Nudité, sport, homosexualité et banquets sont les points cardinaux de toute vie civilisée : page de droite, statue de kouros, par Myron, et buste ithyphallique de Siphnos, tous deux du VIe siècle av. J.-C.

Pour être aussi douce que la déesse (à gauche, Aphrodite de Cnide, d'après Praxitèle, vers 350 av. J.-C.), la courtisane grecque s'épile intégralement, et multiplie les stratagèmes : « Celle-ci est petite ? On met du liège dans ses chaussures [...]. Elles ont de faux seins aux pointes dressées qui tendent leurs robes en avant [...]. Si une partie de son corps est plaisante, elle la dénude. Elle a de belles dents ? Elle se force à sourire tout le temps [...] ou garde une fine branche de myrte entre les lèvres, de façon à sourire en toute circonstance » (Alexis). Une courtisane en vue, qui possède sa maison et y donne des banquets, peut coûter jusqu'à douze drachmes par jour, « de quoi faire vivre un homme pendant un mois et six jours » (Ménandre).

femme, sont des lieux où il est naturel d'être nu entre hommes. Cette adoration du corps viril n'est pas centrée sur les organes sexuels qui, au contraire, doivent briller par leur modestie. « La poitrine robuste, le teint vermeil, les épaules larges, le discours bref, la fesse rebondie, la verge menue » : tel est le portrait du jeune homme idéal, selon Aristophane dans *Les Nuées*. Sauf dans les images d'érection, l'iconographie grecque confirme ce parti pris pour une esthétique sexuelle du moins, et même du minuscule, signe de civilisation par opposition aux verges démesurées des esclaves et des Barbares, plus proches de l'animalité que de l'humanité.

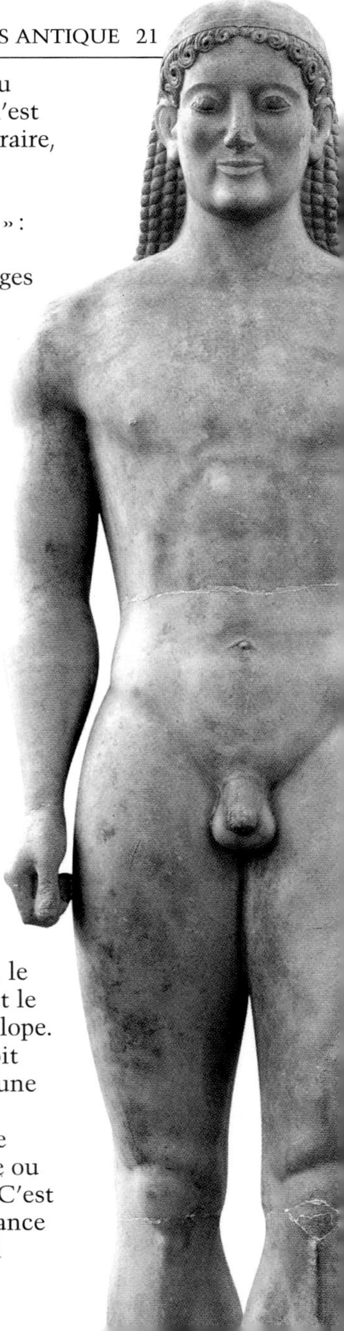

Épouses et courtisanes

On pouvait être amoureux d'un éphèbe tout en étant marié, père de famille, et amateur de jolies filles. Mais les rôles étaient clairement distribués, comme l'explique Apollodore, orateur athénien de la seconde moitié du IVe siècle : « Les courtisanes, nous les avons pour le plaisir ; les concubines pour les soins de tous les jours ; et les épouses pour avoir une descendance légitime et une gardienne du foyer. » Depuis l'époque homérique, le mariage est monogamique et le modèle de l'épouse est Pénélope. Reste que l'époux est en droit d'introduire dans son foyer une concubine (*pallakè*), généralement une femme de naissance libre, mais pauvre ou étrangère et dénuée de dot. C'est elle qui assurera la descendance si l'épouse est stérile ou qui

l'augmentera, explique Diogène Laërce, lorsque les besoins de la patrie exigent un grand élan civique, comme au lendemain de la défaite d'Athènes dans le Péloponnèse en 404 avant notre ère. Épouse et concubine, recluses dans l'univers domestique, ne sont pas même conviées aux dîners qu'offre à ses amis le maître de maison. Tout à l'opposé, la courtisane (hétaïre) vit librement du commerce de ses charmes; on la recherche et on la montre pour sa beauté, sa jeunesse, sa science du plaisir et les agréments de sa conversation.

Féminisme étrusque ?

L'érotisme et la mythologie amoureuse de la Grèce se sont diffusés sur tous les pourtours de la Méditerranée, en influençant les grandes civilisations dont la Grèce avait nourri sa propre culture (Anatolie, Asie Mineure, Égypte, Carthage, Étrurie) mais en rencontrant parfois d'importantes résistances. L'art du bronze et des bas-reliefs étrusques du Ier millénaire atteste l'extrême complexité des représentations érotiques qui se sont développées dans l'Italie préromaine : une véritable réflexion sur l'identité sexuelle, l'humain et l'inhumain, le sacré et le profane, qui donne à la femme une place centrale dans la société et l'imaginaire érotique.

Le *Sarcophage des époux* (vers 520 av. J.-C., Cerveteri en Étrurie) reste l'un des plus beaux symboles de l'équilibre que les Étrusques avaient atteint dans l'art du « vivre ensemble » : complicité, tendresse, humour traversent l'énigmatique sourire qui flotte sur les lèvres des deux amants enlacés pour le rituel du parfum. Tandis que l'homme, une main protectrice sur l'épaule de sa compagne, paraît lui faire une proposition, la femme nous regarde d'un air malicieux qui semble dire : « Vous imaginez quand nous étions vivants ? »

Chez les Étrusques, les femmes participent aux banquets au même titre que les convives masculins, et leur présence dans l'iconographie est aussi importante que celle des hommes, ce qui n'est le cas ni chez les Grecs ni plus tard chez les Romains, qui considéreront les Étrusques comme des cousins mal dégrossis. Faut-il voir dans cette valorisation du féminin une sorte d'émancipation avant la lettre ? Ou au contraire le signe d'une survivance du matriarcat qui préexistait dans les cultures néolithiques anatoliennes, tandis qu'une forme plus moderne de patriarcat se formait à la même période en Grèce ?

Homophilie à la romaine

Héritière de la civilisation étrusque, avec laquelle elle s'est originairement métissée, la culture romaine préfère se modeler sur l'exemple grec, considéré comme beaucoup plus avancé, mais sous bénéfice d'inventaire. L'érotisme romain ne rejette pas l'« amour grec », mais en modifie les règles en faisant passer la frontière du licite et de l'illicite par l'opposition libre/esclave. À l'éphèbe de naissance libre et de bonne famille qui était l'objet sexuel privilégié des Grecs, les Romains substituent l'esclave ou l'affranchi, qui joue très normalement le rôle de mignon. Catulle se glorifie de ses aventures homosexuelles et le respectable Cicéron fait grand cas des baisers

L'art étrusque témoigne d'une réflexion troublante sur l'ambivalence des relations entre les sexes. Dans ce bronze (à gauche, fin du VIIIe siècle av. J.-C.), la relation homme/femme paraît caractérisée par une brutale domination phallique : le personnage masculin ithyphallique exerce un pouvoir total sur la figure féminine qu'il tient en laisse, au bout d'une chaîne, pour mieux la soumettre à son désir. Inclinée vers l'avant, la jeune fille semble prête à lui obéir. Un détail, cependant, oblige à reconsidérer le scénario : la chaîne, en fait, n'asservit pas la femme à l'homme ; ce sont au contraire les bras du personnage masculin et son torse qui sont enchaînés, et de façon très réaliste, tandis que le point de contact entre la chaîne et la jeune fille est abstrait. La femme ne porte pas de collier comme une esclave : la chaîne part de l'arrière de sa tête, sans le moindre réalisme. Cette chaîne est mentale : elle matérialise la séduction de la femme, son ascendant. Emprisonné par le désir qu'elle lui inspire, l'homme est assujetti à la figure féminine, dont l'inclinaison montre que c'est elle qui le tient et l'entraîne où bon lui semble, tout en jouant à la petite esclave…

qu'il vole à son secrétaire. Aucun discrédit ne frappe l'homosexualité masculine pour autant que les limites sociales soient respectées et que le rôle actif soit assuré par les maîtres.

Chacun peut vivre sa sexualité selon sa fantaisie : préférer les filles, les garçons ou pratiquer les deux sexes. Virgile n'aimait que les garçons, Horace se déclarait totalement « bi », mais l'empereur Claude, radicalement hétéro, n'avait d'yeux que pour les filles, à la différence d'Hadrien dont le favori, le bel Antinoüs, fut célébré par des centaines de statues et fit l'objet d'un culte officiel après sa mort précoce. Tout corps d'esclave est disponible au désir. L'essentiel est de respecter la naissance libre : femmes mariées, vierges et adolescents sont à l'abri de toute convoitise. La loi Scantinia votée en 149 avant notre ère est formelle : s'attaquer à ce genre de proie est un crime. En revanche, le droit de cuissage est universel sur les esclaves.

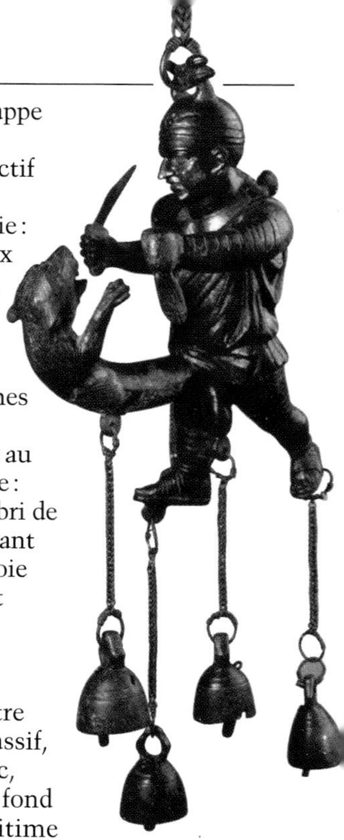

Rome voue un culte si total au phallus dominateur que le corps de l'autre, qu'il s'agit seulement de pénétrer et de soumettre, devient presque inexistant : comme le gladiateur ithyphallique de Pompéi qui s'affronte à son propre sexe transformé en fauve (ci-dessus), l'érotisme masculin, obsédé par l'image de sa propre puissance, s'enferme dans un face-à-face sans issue avec lui-même : qui, de la bête féroce ou du combattant, dominera l'autre ?

Actif et passif

Cette grande bipartition sociale recouvre un autre clivage au moins aussi important, l'actif et le passif, déjà très présent dans le monde sumérien et grec, mais qui, à Rome, se radicalise. Peu importe au fond sur quel corps servile s'exerce le désir : il est légitime s'il est actif. Être actif, c'est être mâle et dominant : il est valorisant de prendre du plaisir virilement, il est honteux d'en donner servilement. Au point qu'il n'existe à Rome aucun discrédit particulier envers ceux qui, comme l'empereur Tibère, utilisent des enfants en bas âge pour leur plaisir : aucun problème éthique de pédophilie s'ils sont esclaves et si l'adulte ne se met pas à leur service pour leur donner du plaisir. Il s'agit d'être actif et de prendre. Dans les relations hétérosexuelles entre êtres libres la question ne se pose pas puisque la femme est considérée comme passive par nature, à moins d'être un monstre. En revanche, comme en Grèce, c'est une honte irrémissible, une infamie sans rachat possible d'être un adulte mâle et libre et de se faire surprendre dans une position d'*impudicus*, c'est-à-dire d'homosexuel passif.

Impudicité

D'où la sainte horreur que les Romains entretenaient pour les adeptes de la fellation qui trouvent servilement leur plaisir dans l'offrande de leur bouche à la pénétration active de leur partenaire. Le problème n'était pas différent pour le cunnilingus, considéré comme une subordination honteuse à la volupté féminine : dans ses *Lettres à Lucilius*, Sénèque le condamne sans appel et les Romains considéraient comme une horreur absolue le goût que le consul Mamercus Scaurus professait pour le plaisir oral qu'il donnait à ses servantes, sans paraître rebuté par le sang de leur flux menstruel.

« L'impudicité est une infamie pour un homme libre [...] Chez un esclave, c'est son devoir le plus absolu envers son maître. Chez l'affranchi, cela reste un devoir moral, la complaisance que suppose la gratitude. »

Sénèque

Il faut être fou d'amour pour se laisser dominer par sa maîtresse comme dans la *Stèle des Amants* (ci-contre). Dans une société militariste, qui abomine la mollesse et valorise la domination, le culte de la puissance masculine n'admet aucun compromis : jouir, c'est assujettir l'autre. Être pénétré, c'est se soumettre. (En haut, poterie d'Arezzo, Ier siècle.)

Si audacieuses qu'elles soient, les fresques de Pompéi restent anodines lorsqu'on les compare à l'impunité dont jouit la cour impériale à la même époque. Tibère raffolait des caresses buccales de ses « petits poissons », enfants entraînés à nager en apnée dans sa piscine pour enchanter ses bains quotidiens. Avant qu'on ne lâche les bêtes fauves dans l'arène, Néron, dit-on, s'offrait la fantaisie d'y pénétrer à quatre pattes, couvert d'une peau de lion, en rugissant, pour déchirer à pleines dents le sexe des jeunes chrétiennes promises au supplice. Travesti en femme, Héliogabale ne se déplaçait qu'en dansant, escorté de courtisanes, ou couché sur de gigantesques coussins dans un char en or attelé de jeunes filles entièrement nues. Ci-dessous, amulette romaine portée en pendentif, Ier siècle.

Quant à l'homosexualité féminine, tolérée par les Grecs, il n'en est plus question à Rome, surtout sous sa figure dominante : une femme qui prendrait la position de l'homme ? un phallus artificiel qui imiterait la virilité ? C'est le monde à l'envers, le symbole même de la puissance tourné en dérision. La méfiance qu'inspire le rôle actif des femmes va jusqu'à la proscription – à vrai dire plus théorique que réelle si l'on en juge par les fresques pompéiennes – des positions où la femme « chevauche » son partenaire masculin, une attitude qui doit inspirer l'« horreur », selon Sénèque.

Art d'aimer

Après une République militariste et agraire, les classes riches de l'Empire s'offrent le privilège de jouir à satiété de leur hégémonie mondiale. Mosaïques et sculptures, fresques des villas, terres cuites, vaisselle d'or donnent l'image d'une société où un polythéisme apaisé frisant l'incroyance s'accorde à une extrême liberté de mœurs, où l'érotisme s'affiche comme un signe extérieur de richesse, le culte du plaisir comme un art de vivre. Les femmes portent autour du cou, au bout d'une chaîne, de jolis petits phallus de bronze ou d'or en érection qui scintillent dans de vertigineux décolletés.

De la flagellation au culte de l'hermaphrodite, des amours saphiques à la glorification du coït, les rêveries érotiques les plus sophistiquées et les positions amoureuses les plus explicites se déclinent sans complexe sur les murs des appartements privés au point qu'il est difficile de distinguer entre un lupanar et la villégiature d'un Romain fortuné. La littérature érotique se développe : du « *Carpe diem* » d'Horace aux poésies licencieuses de Juvénal ou de Martial, et du culte athée de Vénus chanté par Lucrèce aux débauches que Pétrone met en scène dans son *Satiricon*. Avec *L'Art d'aimer* d'Ovide, la culture latine se dote d'une véritable éthique du libertinage qui énonce clairement le code du parfait « play-boy » antique, rasé de près, dandy mais pas efféminé, jouisseur, un peu cynique, hétérosexuel et passablement machiste, mais aussi attentif au plaisir de sa partenaire qu'à sa propre jouissance, animé par une idée assez moderne de réciprocité : « En amour, les deux sexes sont égaux et le plaisir doit être équitablement réparti. Si les partenaires ne ressentent pas une jouissance égale une fois l'acte accompli, il n'est pas juste de prétendre qu'ils ont fait l'amour » (Ovide).

Pour les Romains, qui ignoraient tout du péché, le plaisir sexuel s'accomplissait sous la bénédiction de Vénus et de Priape. Avant de disparaître sous les cendres du Vésuve en 79, Pompéi comptait 34 établissements de plaisir, parmi lesquels le « Lupanar », près des Thermes, ainsi nommé par allusion aux jeunes prostituées qui attiraient l'attention des hommes en poussant un hurlement sauvage. Les dix chambres étaient ornées de fines peintures érotiques offrant aux clients le catalogue des positions pratiquées par les « louves » (page de gauche et ci-dessus).

L'austère et vertueux néostoïcisme a beau stigmatiser ces divertissements sans conséquence, il ne voit pas arriver la véritable lame de fond venue de l'Est qui va bientôt le submerger : une nouvelle spiritualité monothéiste et ascétique, inspirée du judaïsme, qui fait de l'érotisme la bête immonde à abattre.

Au Ier siècle, les propriétaires de la villa des Amants, à Pompéi, avaient fait inscrire dans leur péristyle : « Les amants, comme les abeilles, sucent la vie douce comme du miel », et le maître de la villa des Mystères avait fait réaliser, pour sa jeune épouse, une fresque représentant les rites dionysiaques, dont une scène de flagellation. Les mosaïques des IIIe et IVe siècles (ci-dessus, danseuses en « bikini » de la Villa Romana del Casale, en Sicile) prouvent la permanence, trois siècles plus tard, d'un culte du plaisir toujours aussi vivace. La culpabilité chrétienne va bientôt y mettre un terme.

Puritanisme paléochrétien

Une tendance profonde à la chasteté s'était déclarée dans le Haut-Empire romain aux Ier et IIe siècles, bien avant la diffusion du christianisme en Occident, avec un cortège de nouveaux interdits : restriction de la vie sexuelle au cadre conjugal, condamnation de l'avortement et du divorce, réprobation des passions amoureuses, de la bisexualité et de l'homosexualité. À ce « puritanisme de la virilité », la secte chrétienne ajoute l'exigence d'une chasteté absolue d'autant plus radicale que la fin du monde est proche : « Que désormais ceux qui ont femme vivent comme s'ils n'en avaient plus » (Paul, I Corinthiens, VII, 29). Les plus convaincus, comme Origène, optent pour la castration : « Et il y a aussi des eunuques qui se sont

châtrés eux-mêmes à cause du Royaume de Dieu » (Matthieu, XIX, 12). On cite en exemple un jeune homme qui s'est émasculé avec une faucille en déclarant : « Ici se trouvent le Modèle et la Cause. » L'érotisme n'est pas seulement condamné dans son principe, on cherche à le détruire dans les corps, dans la capacité physique du désir à animer l'esprit. Au IIIe siècle, c'est le grand mouvement de fuite au désert qui pousse des milliers de fidèles à la recherche d'un ascétisme douloureux dont les « Tentations » de saint Antoine constitueront pour longtemps le symbole.

Le *Cortège des vierges* de Ravenne (ci-dessus) symbolise le culte de l'abstinence, prêché depuis le IIIe siècle par Tertullien, Cyprien et Méthode d'Olympe. Un grand programme de purification pousse les fidèles vers les « solitudes », lieu de pureté sexuelle absolue, loin de toutes les concupiscences, avec pour les plus faibles, le recours aux relations homosexuelles entre maître et disciple, et pour les plus endurcis un véritable triomphe : une extinction définitive des désirs qui se soldera, pour plusieurs générations de chrétiens, par l'impuissance chez les hommes et la frigidité chez les femmes.

Tabous et silence des textes

Avec le triomphe officiel du christianisme, qui devient la religion de l'Empire romain sous Constantin au IVe siècle (concile de Nicée, 325), l'érotisme antique est désormais considéré comme une marque abjecte du polythéisme. Mais l'argumentation doctrinale manque. Aux cinq interdits rituels énoncés dans le Lévitique (XV, 18 : inceste, nudité, homosexualité, sodomie et coït pendant les règles), les premiers Pères de l'Église ajoutent une nouvelle gamme d'interdits, en cherchant dans le Nouveau Testament quelques

éléments pour les justifier. On admet que Jésus pardonne les péchés de la prostituée Marie Madeleine et ceux de la femme adultère en se disant hostile à la lapidation rituelle : « Que celui qui n'a jamais péché lance la première pierre. » Mais c'est pour mieux laisser entendre que personne n'est tout à fait innocent : « Tout homme qui regarde la femme d'un autre pour la désirer a déjà commis l'adultère avec elle dans son cœur. [...] Si donc c'est à cause de ton œil droit que tu tombes dans le péché, arrache-le et jette-le loin de toi. Si c'est à cause de ta main droite, coupe-la et jette-la loin de toi... » (Matthieu, V, 27-30). Si la défense du mariage, comme institution monogamique et indissoluble, est claire, celle du plaisir conjugal l'est moins. Les Évangiles ne manquent aucune occasion de le rappeler : Marie était vierge quoique mariée et son fils divin est resté résolument célibataire, références qui joueront un rôle essentiel dans les conceptions antimatrimoniales du premier Moyen Âge.

L'interdit sexuel qui frappe d'effroi la jeune femme sculptée sur le porche ouest de l'église Sainte-Eulalie de Benet (Vendée, ci-dessus) était inconnu de la tradition hébraïque. Dans la Bible, l'Éden (jardin clos) désigne le Paradis de la Genèse, mais sert aussi, tour à tour, à évoquer le désir féminin de goûter les fruits du corps masculin – « Un pommier parmi les arbres du bois, voilà mon bien-aimé » – et le corps féminin lui-même, lorsque la jeune fille appelle son amant à pénétrer dans son propre « verger de paradis » pour en savourer « les fruits exquis ». Si l'arbre de Vérité est tabou, le désir de connaissance érotique est licite : « connaître » l'autre, dans la langue biblique, désigne la relation charnelle entre les amants.

Péché originel

Au tout début du IIIe siècle, Clément d'Alexandrie inaugure une lecture sexuelle de la Chute qui va connaître un succès millénaire. Ce que la Bible (Genèse, III, 5) donnait pour une faute d'orgueil (*libido sciendi* : désir de savoir) et d'insoumission (*libido operandi* : désir de pouvoir) se trouve réinterprété en termes de *libido sentiendi* (désir de jouissance). C'est le plaisir sexuel qui précipite Adam et Ève de l'éternité dans le temps, du paradis sur la Terre, en leur infligeant toutes les avanies dont nous souffrons : devoir gagner son pain à la sueur de son front, enfanter dans la douleur et finir par mourir. Les Pères de l'Église, méfiants, préfèrent en rester aux thèses officielles, mais l'idée suit son chemin et le parfum érotique du « fruit défendu » ne quittera plus l'esprit du christianisme. Par trois textes écrits entre 395 et 430, saint Augustin fixe définitivement le principe selon lequel, sexuel ou non, le péché originel est indissociable du plaisir de concupiscence qui est inhérent à l'acte de donner la vie. Faire du péché originel une maladie sexuellement transmissible et incurable, qui s'attache à toute la filiation humaine, n'était pas seulement donner raison à Clément d'Alexandrie, c'était, selon les vœux les plus anciens de la doctrine, fonder en droit l'horreur du plaisir sexuel. C'est en lui que la Faute ne cesse de reproduire la Chute. En toute logique Augustin appelle de ses vœux le principe de l'insémination artificielle : « La procréation serait plus honorable si elle pouvait être obtenue en se dispensant de relations sexuelles. »

Si Adam et Ève ressentent la honte de se savoir nus après avoir goûté au fruit défendu, c'est la preuve que la Faute, qui leur a fait perdre l'innocence, vient du désir de jouissance sexuelle que leur a inspiré le Démon : chassé du paradis terrestre, le premier couple fait de la Terre l'espace d'une éternelle culpabilité (ci-dessous, pion d'échiquier, ivoire, XIIe siècle).

Tandis que le christianisme entraîne l'érotisme dans une éclipse presque totale de mille ans, une nouvelle civilisation, l'Islam, monothéiste et polygame, hésite entre surenchère dans l'ascétisme et libéralisation des mœurs. À l'autre bout du monde, le plaisir sexuel se monumentalise dans l'Inde polythéiste, qui fait du corps désirant l'objet même de la culture.

CHAPITRE 2

ÉROS MÉDIÉVAL

En Occident, c'est l'ère des interdits : livré à Satan, le désir acquiert la profondeur nocturne du péché. Il apprend à se faire voyeur et stratège (page de gauche, Gérard de Nevers épiant Euriant, XVe siècle). En Orient, il s'exhibe : le *Kama-sutra* décline ses postures sur la façade des temples (ci-contre, Kandariya Mahadeva, Khajuraho, XIe siècle)

Ambivalences de l'islam

Tandis que l'Occident vit dans la hantise du péché, le Moyen-Orient voit surgir au VIIe siècle un nouveau monothéisme : l'islam, qui va bientôt mettre en échec l'hégémonie chrétienne en Méditerranée, en bouleversant les mœurs dans les territoires convertis à la nouvelle foi. Religion du Livre, l'islam reprend à son compte les tabous bibliques et y ajoute une nouvelle panoplie de prohibitions, mais en donnant aussi une légitimité sans précédent aux plaisirs du corps. L'accouplement sexuel des époux est à l'image de l'acte créateur de Dieu : « Se marier, c'est accomplir la moitié de sa religion », déclare le Prophète, qui s'était lui-même acquis la réputation d'un amant incomparable, attentif à l'art de jouir et de faire jouir, expert dans tous les jeux érotiques et capable d'honorer ses neuf femmes au cours de la même nuit. La polygamie est rétablie dans ses droits, et l'érotisme devient article de foi, mais, déchiré par les dissidences, le premier siècle de l'islam voit l'émergence de doctrines extrêmes et iconoclastes qui ont en commun la passion des interdits et, contre la parole du Prophète, la haine de toute culture érotique. Mais à partir du VIIIe siècle, avec le nouvel Empire abbasside, centré à Bagdad, l'influence perse et indienne redevient prédominante. Une nouvelle poésie amoureuse glorifie le corps féminin, tandis que la figuration fait son retour dans la peinture sur céramique et les miniatures, en déclinant de nouvelles images du bonheur. On fixe la lettre du Coran dans un texte offensif et rigoureux qui reste intraitable sur de nombreux interdits mais qui chante aussi les joies de la vie terrestre et fait de la béatitude sexuelle l'une des récompenses de la sainteté dans l'au-delà.

À la différence du ciel chrétien, abstrait et peuplé d'anges au sexe énigmatique, le paradis d'Allah est une oasis regorgeant de plaisirs terrestres et peuplée de filles nues aux yeux noirs : les houris éternellement jeunes et vierges, aux cheveux de soie grège, au corps d'ambre et de musc. Il en pleut, comme des perles, soixante-dix pour chaque élu, qui en dispose à sa guise, en complément des femmes qu'il avait épousées sur terre. Au milieu de son harem, l'élu vit dans un état d'érection permanent : la moindre de ses éjaculations lui procure une jouissance d'une dizaine d'années. Sans être misogyne, car la femme est glorifiée, l'Éden musulman reste très masculin. (Ci-dessus, Farrûkhshâd et Khorhîd enlacés, manuscrit turc, XVe siècle.)

La fille du diable : Éros satanique

Pour la culture antique, comme pour le nouvel hédonisme musulman, le plaisir sexuel était polymorphe et non totalisable : il y avait une

multitude de plaisirs physiques, divers et changeants, séduisants en raison même de leurs différences. Mais pour proscrire et réprimer, il faut rassembler sous un même nom ce qui mérite l'opprobre. Dans l'Occident chrétien, trois termes serviront successivement à unifier l'idée d'un péché de chair sexuel. Le plus ancien est la fornication (du latin *fornix*, la voûte, en raison des petites chambres voûtées dans lesquelles les prostituées officiaient), qui reprend le sixième commandement (« Tu ne forniqueras pas ») pour stigmatiser tous les comportements sexuels illégitimes, y compris à l'intérieur du mariage.

Dans un registre plus savant, le langage des Pères de l'Église crée le mot « concupiscence » (recherche de la jouissance) pour désigner la source du désir sexuel qui est commune à tous les péchés de chair. Enfin le terme de luxure apparaît avec le « septénaire », système des sept péchés capitaux, élaboré entre le Ve et le XIIe siècle. De toutes les « filles du diable » qui personnalisent les sept péchés capitaux, et que le

Ci-dessus, miniature de la fable « Le moine, le voleur, le renard et la femme, manuscrit arabe, XIVe siècle. L'Éros musulman n'est pas seulement religieux, littéraire et artistique, il est aussi social et scientifique. Au Xe siècle, le grand médecin arabe Ibn Sina, que les Occidentaux appellent Avicenne, fait du plaisir érotique le meilleur des soins préventifs : « Lâche la bride aux jeunes gens pour les rapports sexuels : par eux, ils éviteront des maux pernicieux. »

Prince des ténèbres offre en mariage aux hommes, à chacun selon sa catégorie sociale, la luxure est la seule fiancée que le Satan accorde à tous sans distinction de rang ou de richesse.

Tout plaisir physique est suspect, la jouissance sexuelle appartient totalement au diable. L'Éros médiéval est satanique, comme la femme est tentatrice et diabolique : « C'est par la femme que le péché a commencé et c'est à cause d'elle que tous nous mourons » (L'Ecclésiastique de Jésus, XXV, 33). Dans les traités servant de manuels aux inquisiteurs et aux exorcistes, érotisme rime avec maléfices, sorcellerie et démonologie : le désir féminin est inspiré par les incubes, démons mâles qui viennent abuser des femmes pendant leur sommeil, tandis que les hommes subissent les assauts des succubes, démons femelles qui cherchent à les séduire pour les soumettre à Belzébuth. Le sabbat lascif des sorcières devient le symbole même du rituel érotique.

Ce lien entre sexualité et règne des ténèbres est si puissant et si redouté qu'il est peu commenté ou représenté jusqu'au XIVe siècle. Les traités écrits les plus détaillés, comme le *Marteau des sorcières* (*Malleus maleficarum*), datent de la fin du XVe siècle et les sabbats érotiques qui mettent en scène des orgies démoniaques et le cérémonial sexuel des sorcières ne feront l'objet de véritables figurations (comme dans les œuvres de Hans Baldung Grien, *L'Instant du départ*, 1514, et *Les Deux Sorcières*, 1523) qu'au moment où un nouvel esprit, celui de la Renaissance, commencera à dissiper les terreurs de l'âge médiéval.

Au tympan roman de l'église Saint-Pierre de Moissac (1130), la Luxure est représentée comme une jeune femme nue, au corps svelte, offerte bras ouverts au désir prédateur des serpents qui lui dévorent les seins et le sexe (ci-dessous). En chaque femme à la chevelure envoûtante sommeille une Marie Madeleine (à gauche, vers 1515-1520) prête à succomber et à faire succomber.

Le Sabbat des sorcières de Hans Baldung Grien (ci-contre) est contemporain du *Marteau des sorcières* (1486), traité de Kramer (*alias* Institoris) et Sprenger, qui établit pourquoi, huit fois sur dix, ce sont des femmes que l'Inquisition livre au bûcher : « toute la sorcellerie vient du désir charnel qui, chez elles, est insatiable » à tel point que « pour se satisfaire, elles n'hésitent pas à épouser des démons » (I, 1). Outre le balai, la masturbation et les accouplements collectifs, la sorcière révèle sa nature diabolique par le pouvoir de priver n'importe quel homme de son pénis. Autant dire que la menace est sérieuse. Mais comment reconnaît-on une sorcière ? Il suffit de sonder avec des lames les parties intimes de son corps pour trouver le point insensible consacré à Satan. Sous la torture, les filles avouent s'être laissé pénétrer et sodomiser par Belzébuth : elles parlent d'un sexe énorme, long d'une aune (1,18 m), couvert d'écailles et bifide, qui permet au Démon de pratiquer l'acte de chair « dans les deux vases à la fois ». Elles précisent que son membre est glacé tandis que sa semence est brûlante, et que cet accouplement leur a causé de violentes douleurs.

Interdits et fantasmes

Traversé par tous les cauchemars d'un monde en proie aux tentations de Lucifer, l'imaginaire érotique du Moyen Âge, jusqu'à la fin du XIIIe siècle, est l'effet direct des terribles interdits qui pèsent sur la sexualité. On doit à Brocard, évêque de Worms au début du XIe siècle, une somme de droit ecclésiastique, le *Décret* (1008-1012), contenant un manuel de confession très instructif sur les fantasmes qui habitent l'esprit des moines, maîtres de l'époque en Occident. Voici quelques extraits choisis parmi les centaines d'articles qui explorent les ténébreux arcanes du désir : « art. 46 : As-tu forniqué avec une moniale, c'est-à-dire avec l'épouse du Christ ? 40 jours au pain et à l'eau, 7 ans de pénitence [...] art. 52 : T'es-tu accouplé avec ta femme ou avec une autre par-derrière, comme les chiens ? 10 jours de pénitence [...] art. 126 : As-tu commis la sodomie ou la bestialité, avec des hommes ou des animaux ? 40 jours au pain et à l'eau et 10 ans aux jours fixés [...] art. 166 : As-tu bu le sperme de ton mari afin qu'il t'aime davantage grâce à tes agissements diaboliques ? 7 ans au pain et à l'eau aux jours fixés [...] art. 172 : As-tu agi comme font les femmes : elles prennent un poisson vivant, l'introduisant dans leur sexe, l'y maintenant jusqu'à ce qu'il soit mort ? 2 ans de jeûne. »

Bougres et sodomites

Le mariage est admis comme un moindre mal, mais sa finalité est exclusivement la procréation (« allez et multipliez-vous »). User de stratagèmes pour éviter de faire un enfant avec un partenaire de l'autre sexe ou prendre du plaisir avec un partenaire du même sexe sont des fautes comparables, que le Moyen Âge stigmatise de la même manière : par la référence à la ville de Sodome, châtiée par Dieu pour sa corruption. On désigne ainsi uniformément par le terme de « sodomie » tout ce qui n'est pas l'union de l'homme

Le mariage monogame et indissoluble ne s'impose qu'à partir du XIIe siècle. Jusque-là, polygamie, répudiation, concubinage, viol et inceste sont monnaie courante chez les laïcs. Quant aux prêtres, ils vivent en concubinage ou sont mariés. L'exemple vient de haut. Entre 904 et 964, les papes vivent maritalement avec leur maîtresse et placent leur fils sur le trône pontifical, en pratiquant ce que les historiens appelleront (1832) la « pornocratie » : une politique où les femmes exercent le pouvoir en dominant les princes par le sexe. Cela fait un peu désordre mais, jusqu'au XIe siècle, rien ne sépare nettement le monde laïc et celui des clercs. Il faudra deux siècles de « réforme grégorienne » (1050-1215) pour établir l'indépendance de l'Église. C'est la sexualité qui sert de critère. Aux laïcs la voie du mariage, nécessaire à la procréation, mais souillée par la concupiscence. Aux clercs la voie pure de la virginité, du célibat et de la continence (conciles de Latran, 1123, 1139). Ainsi, Éros devient laïc et trouve son unité : fornication et concupiscence s'unissent dans une même et unique figure du Septénaire : la luxure, le mieux partagé des sept péchés capitaux.

et de la femme dans la seule position admise : la femme couchée sur le dos, l'homme la pénétrant en situation dominante, au-dessus d'elle. Sont stigmatisés comme « sodomies » : la masturbation, avec ou sans godemiché, la fellation, le cunnilingus, le *coitus interruptus*, le *coitus inter femora* (entre les cuisses), la sodomisation de la femme, les positions interdites (la femme à quatre pattes en levrette, ou en position dominante au-dessus de l'homme), les relations sexuelles avec des animaux et, enfin, la pénétration anale d'un homme par un autre homme.

Mais au XIIIe siècle, l'idée d'union sexuelle « contre nature » se dote à la fois d'un sens politique, d'une définition plus précise et de nouveaux substantifs : « bougre » et « bougrerie ». À partir de 1230-1240, le mot « bougre », qui servait à désigner les Bulgares, est utilisé pour stigmatiser à la fois les adeptes de la pénétration anale et les hérétiques albigeois et cathares, sectateurs occidentaux du manichéisme. Pour en finir avec la culture dissidente du Sud, on assimile intégralement les deux sens. Dès avant la fin du XIIIe siècle, « bougrerie » et « sodomie » sont devenus des termes interchangeables : être hérétique veut dire être sodomite, au sens homosexuel du terme.

« À cause de la fornication, que chaque homme ait sa femme et chaque femme son mari » (Paul, I Cor., 7) : le mariage monogame est un pis-aller, mais obligatoire, la procréation en dépend. Sinon, on est puni. Filles et garçons de plus de 25 ans encore célibataires sont fouettés en procession chaque année ; ceux qui commettent l'adultère subissent le même sort, mais nus et enchaînés (ci-dessus, manuscrit d'Agen), avant de devoir accomplir le péché de chair en public. Mais rien n'y fait : les figures dissidentes de l'érotisme primitif ressurgissent dans la statuaire sous forme de fantasmagories lascives, zoophiles ou homosexuelles (page de gauche, détail des stalles de Saint-Bertrand de Cominges).

À l'image maudite du péché de chair imputé à Ève s'opposent la figure salvatrice de la chasteté, la Vierge, et un précepte, l'abstinence. La réforme grégorienne en fait la règle pour le clergé, mais la continence n'est pas à la portée de tout le monde. C'est ce que semble indiquer avec humour la nonnette qui cueille à son usage un joli fruit défendu après avoir rempli son panier d'une abondante provision pour subvenir, on l'imagine, aux besoins du couvent tout entier (ci-contre, miniature de Jeanne de Montbaston, XIVᵉ siècle). Une riche tradition de récits populaires, depuis *Héloïse et Abélard*, met en scène la frénésie sexuelle des moines et abbesses : un *topos* aussi fréquent dans les fabliaux que celui des perversions profanes, comme ci-dessous l'exhibitionnisme sur cette stalle du XVIᵉ siècle.

Cette croisade anti-homosexuelle, qui conduit les bougres au supplice (émasculation ou bûcher) n'a pas seulement pour cible l'hérésie, elle est aussi une réponse à la catastrophe démographique qui résulte des grandes pestes. Après 1400, dans les régions qui ont perdu les deux tiers de leurs habitants, l'Église organise une lutte sans merci pour la survie en stigmatisant tout ce qui serait un frein au repeuplement : onanisme, homosexualité, et même célibat.

Littérature érotique

La sensualité médiévale s'exprime aussi clairement dans la tradition grivoise des contes et récits profanes qui, aux antipodes de la littérature courtoise, chantent la gloire du foutre, des culs, des cons, des trous et des fentes. Des fabliaux comme *Bérenger au long cul* ou *Le chevalier qui faisait parler les cons* laissent peu de doute sur l'esprit de résistance que la culture populaire opposait aux rigueurs de la religion. D'autres mettent en scène la langue même de l'érotisme. *La Demoiselle qui ne voulait pas entendre parler de foutre* raconte les aventures d'une jeune et jolie pucelle, fille d'un riche paysan, entichée de poésie et de métaphores comme le sera plus tard Emma Bovary. Un peu pimbêche, éprise d'idéal, elle ne supporte pas le langage cru des serviteurs de son père, qui ne cessent de parler de « cons », de « vits » et de « foutre ». Séduite par un jeune homme de passage qui dit partager ses goûts, elle lui offre de partager son lit en tout bien tout honneur. Le garçon caresse le corps de la demoiselle et pose la main entre ses cuisses en l'interrogeant sur ce qu'il touche du bout des doigts. La pucelle lui dit qu'il s'agit de son pré qui n'a pas encore fleuri, et de sa fontaine dont l'eau n'a pas encore coulé. À son tour, la demoiselle tâte le corps du garçon et prend à pleine main son sexe. Devant l'étonnement de la pucelle, le jeune homme lui répond qu'elle vient de saisir au collet son jeune poulain, un animal vigoureux et en pleine santé, mais qui n'a pas brouté de pré ni bu d'eau depuis deux jours, à la grande tristesse de ses

Ci-dessous, « Février », *Très Riches Heures* du duc de Berry, par les frères Limbourg, 1416. Il fait froid : filles et garçons se réchauffent à la cheminée en se retroussant, sans honte de leur nudité. Pourquoi s'en soucieraient-ils ? De toute façon, on dort nu, et il n'y a qu'un lit pour toute la famille. Le curé pense que c'est tenter le diable… Au fait, avant d'aller se coucher, si on se racontait l'histoire de *La Demoiselle qui ne voulait pas entendre parler de foutre* ?

deux palefreniers, qui ne le quittent en aucune occasion. Chaque question ayant reçu sa réponse, le garçon baise aussitôt la pucelle, qui s'en trouve parfaitement satisfaite et n'y trouve plus rien à redire, ni au sens propre, ni au sens figuré.

Éros indien

Si le Serpent est associé, pour les trois religions du Livre, au Démon tentateur et à la femme pécheresse, l'Orient indien en fait au contraire le symbole d'une élévation, à la fois érotique et spirituelle : dans les théories tantriques, la colonne vertébrale, de la base du sacrum au sommet de la tête, est assimilée au « serpent d'énergie » (Kundalini) par lequel l'énergie sexuelle s'idéalise en pure spiritualité pour atteindre à l'union avec le divin. Ce serpent est le principe énergétique féminin (Shakti), qui assure la médiation entre les deux formes masculines de la divinité, Shiva et Vishnu. Grande Déesse, « Mère » de toute vie, Shakti est la matrice qui provoque le désir et l'acte divin. C'est elle qui donne à Shiva la puissance de créer. Elle est aussi la *maya*, l'illusion protéiforme qui aide les hommes à prendre conscience de l'existence : « Car Moi, Shiva, je suis le sperme, et l'humeur rouge est ma Shakti. Lorsque ces deux éléments fusionnent, Moi, je m'unis à Elle ! Qui sait cela se réalise : son corps devient celui d'un dieu ! » (*Shiva-samhita*, IV, 87). La jouissance sexuelle est une étape vers le divin : ce principe tantrique explique pourquoi, entre

Pas de mariage, même princier, sans le « Livre de l'oreiller », résumant le *Kama-sutra* et l'histoire érotique des dieux (ci-dessous, fresque d'Ajanta, Ve siècle). Les « stances » récitées pendant la cérémonie détaillent les noces célestes de Soma et de Soûryâ et implorent leur assistance : « Excite-la, ô bienheureux, cette épouse charmante / Fais en sorte qu'elle écarte les cuisses, désireuse, / pour que nous, désireux, introduisions en elle le membre » (*Rigveda-samhita* X 85, 37).

le VIIIe siècle et le XIIe, la culture indienne connaît une explosion sans précédent de la représentation érotique. Pour une durée de près de quatre siècles, c'est en Inde que le culte du plaisir sexuel écrit dans la pierre quelques-unes des plus belles pages de son histoire. Les artistes s'inspirent du *Kâma-sûtra* de Vâtsyâyana, composé entre le IVe et le Ve siècle, pour imaginer les diverses figures de l'union charnelle qui vont couvrir les murs extérieurs des temples de Khajuraho, véritable sanctuaire de l'amour (IXe-XIe siècle), de Viçvanatha (XIe), de Kornarak (XIIe). L'extraordinaire prolifération des sculptures mettant en scène le plaisir sexuel des dieux constituait autant de modèles pour indiquer aux mortels les postures les plus favorables aux dévotions.

Dans l'esprit des fidèles, le rituel des célébrations sexuelles collectives manifeste l'union mystique du lingam de Shiva pénétrant la *yoni* de Shakti : les femmes et les jeunes filles nubiles sont honorées de toutes les manières imaginables ; toutes les positions, y compris les plus improbables, sont non seulement admises mais admirées, considérées comme de véritables expressions créatrices.

Si dans le christianisme Dieu est amour, en Inde les dieux font l'amour et l'enseignent comme un rite qui suppose un savoir : une religion du plaisir où s'annule l'opposition sacré/profane. Le temple Lakshmana (ci-dessus, Khajuraho, XIe siècle) inscrit dans la pierre les voluptés du *Kama-sutra* (*Canon de l'amour*) qui classifie l'infinie variété des techniques amoureuses : étreintes, baisers, griffures, morsures, positions, posture de pénétration, coups, soupirs, sodomisations, fellations, cunnilingus, stimulations de la moindre partie du corps… tout en ignorant l'existence du clitoris.

L'amour courtois

Dans l'Europe chrétienne, le corps reste tabou, mais à partir du XIe siècle, sous l'influence de la poésie arabe d'Espagne, une forme inédite d'érotisme fait son apparition dans les cours seigneuriales des pays d'oc, dans le Midi de la France : le *fin'amor* des troubadours qui célèbre la pureté de l'amour-passion tout en acceptant l'idée d'un certain plaisir charnel dans le cadre de relations extraconjugales où la femme tient le rôle prépondérant. Les relations courtoises entre la dame aimée (qui peut être mariée) et son chevalier servant (qui peut être d'un rang inférieur à sa maîtresse) transposent la relation féodale : l'amant est le vassal, la dame sa suzeraine. Il doit tout faire pour lui plaire et la valoriser, n'aimer qu'elle et le lui prouver constamment en restant discret. En retour, elle doit lui témoigner en permanence son amour et lui rendre compte de sa conduite. L'échange amoureux s'accomplit dans le baiser, mais l'amant est aussi autorisé à contempler le corps nu de sa maîtresse, et à l'ultime degré (l'*asag* : l'épreuve, l'essai) tout est autorisé entre les deux amants, tout hormis l'accouplement.

Assimilé à une hérésie par l'Église catholique, le courant courtois résiste. Culminant au XIIe siècle, il subit dès le début du XIIIe siècle les effets de la

Si le pli triangulaire d'une robe (page de droite, valve de miroir, *Le Jeu d'échecs*, XIVe siècle) suffit à en trahir les attraits aux yeux de tous, comment s'assurer l'exclusivité d'un sexe féminin ? Grâce à la médiévale « ceinture de chasteté » armée de pointes et de lames, devant et derrière (ci-dessous, ceinture de chasteté à double orifice ; à gauche, gravure du Maître S, 1505-1530).

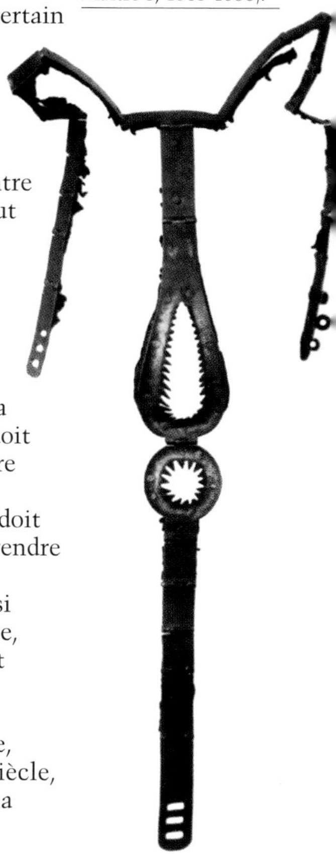

croisade anticathare (1209-1229), qui se solde au début du XIVe siècle par une destruction sauvage de la civilisation « provençale », mais nullement de sa postérité. Porteur d'une culture à la fois érotique et féministe, spirituelle et charnelle, le *fin'amor* des troubadours aura une influence durable et profonde sur les conceptions occidentales de l'amour : de la poésie de Pétrarque au néoplatonisme de la Renaissance et des précieuses françaises du XVIIe siècle à la passion romantique du XIXe siècle. Notre modernité élèvera même à la puissance du mythe le plus pessimiste des romans courtois, *Tristan et Iseut* (XIIe siècle), qui était ressenti au Moyen Âge comme un texte subversif contre une hiérarchie sociale injuste : chevalier victorieux, c'est Tristan qui méritait d'épouser Iseut, et le philtre qui devait créer artificiellement le désir entre Marc et Iseut symbolise les manipulations condamnables sur lesquelles se construisaient les mariages sans amour de la caste dirigeante.

La « ceinture de chasteté » naît, à la fin du XVe siècle, sous l'effet d'une dégradation des symboles courtois, que l'on réinterprète au sens littéral. En 1160, Marie de France évoquait l'idée d'un pacte de liberté amoureuse. La femme fait un nœud savant à la tunique de son amant qui part en voyage et lui dit : celle qui sera assez habile pour le dénouer aura droit de te faire l'amour. « De son côté, avec une ceinture dont il entoure la chair nue » de sa maîtresse, l'amant lui accorde la même liberté : « Celui qui pourra desserrer la boucle sans briser ni couper, celui-là, il la prie de l'aimer » (*Guigemar*). Deux siècles plus tard, l'image a évolué. Dans le *Voir-Dit* de G. de Machaut (1364), l'amoureuse offre à son amant une clé d'or « faite de main de maître » : « Cette clé porterez, ami, et vous la conserverez, car c'est la clé de mon trésor » (page de gauche). De la liberté réciproque, on est passé à une fidélité exclusive offerte par la femme. C'est sous l'influence d'une lecture réaliste des textes, qu'apparaissent de véritables « ceintures de chasteté » en fer, gages ou plutôt instruments d'une fidélité unilatérale, imposée par les hommes au sexe féminin.

Coitus reservatus

L'Inquisition, fondée en 1184 et autorisée à torturer en 1252, joue au XIIIe siècle un rôle décisif dans l'élimination des hérésies, et les pratiques érotiques courtoises n'échappent pas à sa vigilance. Mais, vers la fin de ce même siècle, un nouveau climat apparaît : certains théologiens issus des ordres mendiants, comme Richard Middleton ou Pierre de La Palud commencent à estimer qu'une relation sexuelle pratiquée pour le plaisir n'est pas nécessairement fautive, pour autant – toute la question est là – qu'il n'y ait pas émission de sperme. Ils proposent le *coitus reservatus*, exercice difficile mais intéressant, et d'ailleurs recommandé par le tantrisme, qui

consiste à pénétrer sa partenaire aussi longtemps qu'on peut le désirer, mais en gardant assez de contrôle sur soi-même pour s'abstenir de toute éjaculation. Mais hors de ces joies contenues, point de salut. Vers 1400, le prédicateur Gerson établit une nouvelle hiérarchie des péchés de chair, selon un ordre de gravité croissante qui peut surprendre : 1. La fornication simple, 2. L'adultère, 3. Le stupre, 4. L'inceste, 5. Le sacrilège, 6. Les actes contre nature, dont la masturbation, la sodomie hétérosexuelle ou homosexuelle, la bestialité. L'autoérotisme est toujours considéré comme beaucoup plus grave que l'inceste, mais, signe des temps, le même Jean Gerson admet qu'entre homme et femme mariés, on peut tolérer des plaisirs charnels dont le but ne serait pas du tout la procréation.

À quoi rêvent les moines copistes ? En marge d'un livre d'heures français du XIVe siècle, le scribe a dessiné un homme qui fait un cunnilingus à sa bien-aimée, tout en s'offrant aux assauts d'un drôle d'oiseau au long bec, rouge de jalousie ou de désir sodomite (à gauche). Page de droite, enseigne de bordel : trois vaillants phallus portent une vulve en triomphe (vers 1400).

Prostitution légale

Si la fin du Moyen Âge connaît sur bien des points un certain adoucissement de l'ordre moral antérieur, c'est sous l'effet de mutations majeures de la société et pour répondre à une situation d'urgence : la multiplication des viols, rapts et agressions publiques due à l'essor rapide des villes où cohabitent des milliers de jeunes célibataires. D'après l'historien Jacques Rossiaud, entre 1440 et 1490, 70 % des jeunes gens de la bonne ville de Dijon avaient violé une fille ou participé directement à une agression sexuelle caractérisée. Même proportion à Douai et dans les villes du Nord. Seuls quelques très rares cas ont été jugés. Si la fille violée était une religieuse, une vierge ou une femme mariée d'un certain rang social, on risquait la pendaison. Si la victime avait dépassé l'âge du mariage (25 ans) ou si elle était de condition modeste, une simple indemnité financière suffisait.

Face à la menace, l'Église se trouve conduite non seulement à admettre la prostitution légale comme un moindre mal, mais à l'organiser : avant qu'elle ne soit reprise en charge par les municipalités, c'est l'Église qui a administré la prostitution publique. Forte de sa vocation

Pratiqué comme un art à Rome, le bain est vu par l'Église comme une survivance païenne dont il faut se méfier. Paris compte vingt-six bains publics en 1292, près de cent au XVe siècle. La plupart sont surveillés, mais leur succès se développe avec le goût pour l'Antiquité (ci-contre, *Bains de Sergius Orato*, XVe siècle) et les « hôtels de fillettes », dotés d'étuves mixtes, deviennent des lieux de rencontre et de prostitution. Leur fréquentation décline avec les épidémies : on suspecte l'eau d'être vecteur de contagion. À la fin du XVIe siècle, ils ferment tous sous la pression moralisatrice de la Contre-Réforme et avec l'arrivée de la syphilis.

à interdire la polygamie, à sanctionner la répudiation, à faire respecter un ordre conjugal et les règles morales, l'Église s'est sentie obligée de contrôler également l'illicite. En administrant la prostitution, elle était en mesure d'en écarter les femmes mariées et les religieuses, d'éviter le risque d'inceste en exigeant que les prostituées fussent d'une origine étrangère à la ville où elles exerçaient leur talent, d'interdire la prostitution des enfants, et enfin de permettre à tous ces jeunes célibataires de se préparer techniquement au mariage sans s'adonner à de coupables plaisirs solitaires ni troubler la société par des actes criminels.

À partir de 1350, tandis que Pétrarque annonce la venue d'un homme nouveau, pétri de connaissances et de créativité, la littérature ose l'évocation explicite du plaisir sexuel avec Boccace (le *Décaméron*) et Chaucer (*Contes de Cantorbéry*). En peinture, les nus de Masaccio, de Van der Goes ou de Memling utilisent l'alibi religieux, mais dans le secret des ateliers, les maîtres du Quattrocento multiplient les dessins (Pisanello) et les gravures (Bonasone) résolument érotiques. La mode change : les filles délaissent la laine pour des corsages de lin que gonflent des seins plus volumineux, emblèmes du désir. Ci-dessus, miniature des *Très Riches Heures* du duc de Berry, XVᵉ siècle.

Érotique du sein

Emblème de la maternité, le sein féminin, au Moyen Âge, évoque d'abord la figure de la Vierge nourrissant l'Enfant Dieu. Les seins sont aussi un symbole de la féminité et un objet érotique que l'art associe directement au péché de luxure. C'est ce que suggère, à partir du XIIIᵉ siècle, l'apparition de démons et griffons aux volumineuses poitrines, comme Albrecht Dürer les figurera encore au début du XVIᵉ siècle.

Mais vers 1400, les gros seins sont réservés aux diables. La femme idéale de cette époque doit posséder des seins tout petits, placés très haut et aussi éloignés que possible l'un de l'autre. L'irrésistible héroïne d'*Aucassin et Nicolette* « avait deux petits seins qui soulevaient son vêtement, fermes et semblables à deux grosses noix ». Les filles qui ont une poitrine trop gonflée sont contraintes de la bander. Mais les canons vont bientôt évoluer. Vers la fin du XIIIᵉ siècle, un second Moyen Âge, plus lumineux, libère les corps et les esprits. La séduction du corps féminin s'affirme, les seins se dévoilent.

Sous l'influence des mutations sans précédent qui bouleversent l'Europe médiévale (essor des villes et de la bourgeoisie, des techniques et du commerce), la grande lueur qui avait commencé à éclairer l'Occident chrétien vers la fin du XIIIe siècle s'amplifie tout au long du XIVe siècle en créant les conditions d'une véritable rupture historique qui va bientôt rendre à Éros toute sa place dans la culture.

Au XVe siècle, Agnès Sorel, maîtresse de Charles VII, lance à la cour la mode des seins galbés et du décolleté dissymétrique : un sein dedans, un sein dehors, provocation que Fouquet radicalise en la recyclant dans sa *Vierge à l'Enfant* (ci-dessous).

Du XVe au XVIe siècle, une tempête de liberté souffle sur les esprits : c'est la Renaissance. On voue un culte à l'Antiquité, la beauté, l'intelligence. Le nu cesse d'être tabou, et le désir envahit l'espace des représentations. La technique bouleverse la culture : presse à imprimer, typographie, gravure multiplient les livres et les images suggestives dans des proportions sans précédent. Éros sort de l'ombre satanique où l'âge médiéval l'avait enfermé pour participer en pleine lumière à l'émergence des idées nouvelles.

CHAPITRE 3

ÉROS RENAISSANT

L'Ève renaissante, nue sous une capeline moderne, nous regarde droit dans les yeux (page de gauche, Lucas Cranach, *Vénus et Cupidon*, 1525), une moisson de fruits défendus à portée de la main. Plus de serpent, un Amour. À croire que le péché de chair est devenu véniel (ci-contre, Pisanello, *La Luxure*, XVe siècle).

Dès la fin du XVe siècle, les juvéniles et athlétiques *Vénus* de Sandro Botticelli, de Piero di Cosimo et de Lorenzo di Credi inaugurent la vision d'une nudité féminine délivrée de toute culpabilité, vibrant de vie, de santé et de fraîcheur. Désormais, le nouvel art vit sous le signe de la « vénusté » la plus érotisée. Quelques artistes se risquent même à un réalisme que n'excuse plus aucun alibi mythologique : dans les *Filles au bain* (à gauche), Bernardino Luini consacre toute la composition à neuf jeunes filles, nues ou en train de se dévêtir, dans une scène qui se donne comme une « chose vue » de la vie contemporaine.

Seconde religion

En un an, Montaigne dispose de plus de livres qu'un lettré du siècle précédent ne pouvait en lire en toute une vie. Les ayant lus, l'auteur des *Essais* place « l'homme au centre de toute chose » et rend joyeusement sa légitimité à la volupté, à « l'expérience que nous en sentons en l'accointance des femmes, *"lorsque le corps déjà pressentant le plaisir,/ le sexe est sur le point d'ensemencer le sexe"* (Lucrèce IV, 1099) ». Le culte renaissant du plaisir donne ses chances à un hédonisme qui ressuscite le « *carpe diem* » antique. Ronsard, poète officiel du roi, célèbre les charmes de la beauté, de la jeunesse et de l'éphémère (« Mignonne, allons voir si la rose... ») sans douter de l'existence de Dieu, mais en faisant déjà du plaisir une seconde religion, comme semble le proposer la fameuse composition de Titien *L'Amour sacré et l'Amour profane* (1514) : « Quand au temple nous serons, / Agenouillés nous ferons / Les dévots, selon la guise / De ceux qui pour louer Dieu, / Humbles, se courbent au lieu/ Le plus secret de l'Église. / Mais quand au lit nous serons, / Entrelacés nous ferons / Les lascifs, selon la guise / Des amants, qui, librement / Pratiquent folâtrement / Dans les draps cent mignardises » (*Stances*).

À Rome, le pape Alexandre VI n'est pas loin de partager la même idée, mais avec le faste qui s'impose à un monarque. Pour fêter la Toussaint de 1501, il offre un grand festin resté célèbre pour sa scénographie aphrodisiaque : des jeunes filles, choisies parmi les plus belles de Rome, circulent à quatre pattes et entièrement nues entre les tables, avec la mission de ramasser les châtaignes que les convives leur lancent par divertissement.

Exhibitions

La révolution technique qui traverse les arts se met vite au service de cette nouvelle vision du monde. La peinture à l'huile, avec ses glacis et sa gamme illimitée de nuances chromatiques, offre aux peintres des moyens sans précédent pour figurer l'éclat d'un regard, l'opalescence de la peau et la densité des chairs. Le corps féminin s'exhibe à travers des mises en scène, mythologiques ou contemporaines, qui placent le spectateur en position de voyeur : le thème moderne du « déjeuner

Si la Renaissance fait du plaisir sexuel l'objet d'un culte sans précédent depuis l'Antiquité, c'est au prix d'une confrontation avec la religion qui donne au débat entre « amour sacré et amour profane » un tour moins paisible que dans la composition de Titien (ci-contre). La Réforme, dès 1530, pousse chaque communauté à accuser ses adversaires des débauches les plus improbables, telle cette orgie, peu conforme aux idées de Huldrych Zwingli, fondateur du mouvement à Zurich en 1523 (ci-dessus, *La Société des Anabaptistes*, gravure de H. Aldegraver et V. Solis, XVIe siècle).

sur l'herbe » fait son apparition avec le *Concert champêtre* (1510) de Titien, mais la femme offerte nue aux regards d'hommes habillés trouve son alibi dans d'innombrables interprétations de « Suzanne au bain » ou du « Jugement de Pâris », sujets qui font du voyeurisme l'objet même de la représentation. C'est le cas également de *Vénus, le musicien et Cupidon* (1548), cette composition de Titien où un jeune organiste joue en tournant le dos à son clavier, les yeux fixés sur le sexe de la déesse, allongée nue derrière lui.

Avec le papier, médium récent qui bouleverse l'art du dessin, l'artiste multiplie les croquis, et un imaginaire graphique, encore plus intrépide que celui de la peinture, profite de l'espace discret de l'atelier pour donner forme plastique à l'exaltation du corps et du désir, sans même chercher l'alibi du mythe : ce sont des jeunes filles lascives mais bien réelles que les artistes figurent nues dans des dessins comme *La Belle Proie* de Primatice, *Jeune fille* de Bartolomeo da Venezia, *La Jeteuse de pierres* d'Holbein, la *Fillette nue, assoupie* de Goltzius ou *La Main impatiente* de Gian Francesco Penni.

Tandis que Vénus, de moins en moins antique, s'exhibe dans un cadre moderne pour séduire les hommes du temps présent (ci-dessous, Titien, *Vénus, le musicien et Cupidon*, 1548), l'ancienne thématique d'Adam et Ève est revisitée à la lumière des conflits spirituels qui ensanglantent l'Occident. Hans Baldung prête à la femme tentatrice un regard dont la perversité l'emporte sur celle du serpent : le mal est au cœur du désir. L'orgie dont Bosch fait le centre du *Jardin des délices* est le monde réel, pris entre un paradis dont il a été chassé et un enfer qui est son seul destin.

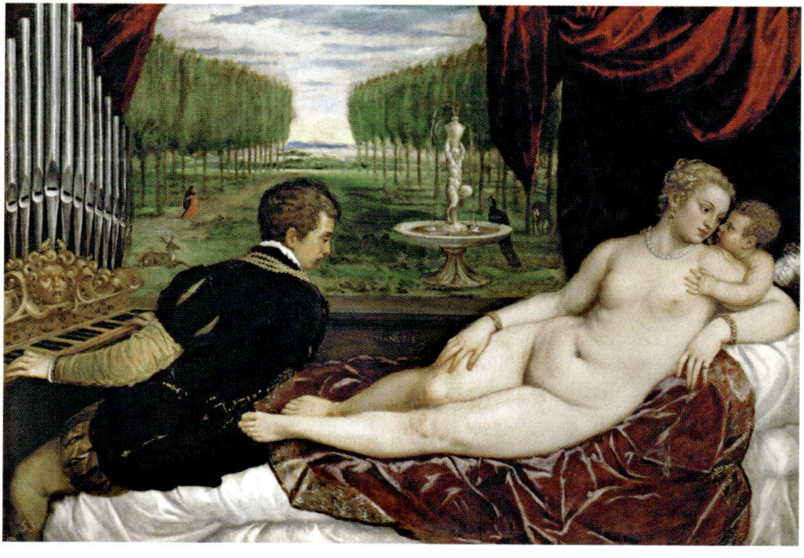

Ève fellatrice

Avec les pigments traditionnels, on continue à décorer *a fresco* les murs des palais et des églises, et la Bible offre ses thèmes voluptueux à d'immenses chantiers décoratifs où les artistes les plus renommés se risquent à des suggestions inouïes. Dès 1426, Masolino da Panicale avait réalisé à Florence une *Tentation* où Adam et Ève, le regard grave, apparaissent intégralement nus, avec une figuration précise des sexes masculin et féminin, dont l'image s'impose, sans le moindre voile, au centre géométrique de la composition. En 1510, Michel-Ange peint en pleine chapelle Sixtine une Ève corruptrice comme on ne l'avait jamais représentée : les yeux tournés vers le serpent-femme qui lui tient la main gauche comme pour l'instruire sur les gestes à accomplir, Ève assise au sol, les lèvres à la hauteur du sexe d'Adam qui se cambre au-dessus d'elle, debout, jambes écartées, se tient dans une position qui ne peut qu'évoquer le rituel amoureux d'une fellation. Seule l'orientation de son visage, tourné vers le Mal, évite l'évocation directe

Les nus féminins de Michel-Ange gardent quelque chose de viril, et son Ève fellatrice (ci-dessus) est entourée d'une débauche de corps masculins musclés qui projettent leur virilité sur toute la voûte de la Chapelle Sixtine comme l'une des premières affirmations de l'érotisme homosexuel depuis l'Antiquité. Ces déviances n'échappent pas au pape qui, en 1566, deux ans après la mort de l'artiste, fait voiler les nus de la fresque par un peintre de second rang, Daniele da Volterra, lequel y gagne le sobriquet de « Braghettone » (le gros caleçon).

Pour ce nu, l'artiste a choisi l'angle le plus audacieux : celui qui permet de voir l'intérieur des cuisses, le pubis et la fente féminine (ci-contre, *Fillette nue, assoupie* par Hendrick Goltzius, 1594). Croquée sur le vif, cette adolescente s'est prêtée devant le peintre au jeu érotique de l'exhibition. C'est en revanche en ingénieur des mécanismes du désir et en s'intéressant surtout à l'organe masculin que Léonard de Vinci a réalisé cette *Étude sur le coït* en 1492 (ci-dessous).

du scénario, mais dans une simple suspension du temps qui dit l'imminence de sa réalisation.

Déshabiller les femmes

Avec les couleurs à l'huile, la peinture se donne un nouveau support, indépendant de l'architecture : du panneau de bois à la toile tendue sur cadre, le format rectangulaire du « tableau » s'impose. Fenêtre en trompe-l'œil qui s'ouvre sur un ailleurs figuré, le tableau creuse dans le mur la fiction d'un orifice qui permettrait de voir un extérieur ou un intérieur sans être vu : hagiographie, mythes, récits des temps légendaires, mais aussi réalités du monde présent, scénographie intime, espaces privés, paysages, vie quotidienne… tout devient pour les peintres une occasion de déshabiller les femmes, comme si la peinture cherchait à rivaliser avec les audaces littéraires de l'Arioste : « La Belle sur le rivage, aussi nue que la Nature l'avait formée » (*Roland furieux*). C'est de l'ensemble des possibles, mais singulièrement du corps désirable, que la figuration s'empare en offrant à l'œil du spectateur une

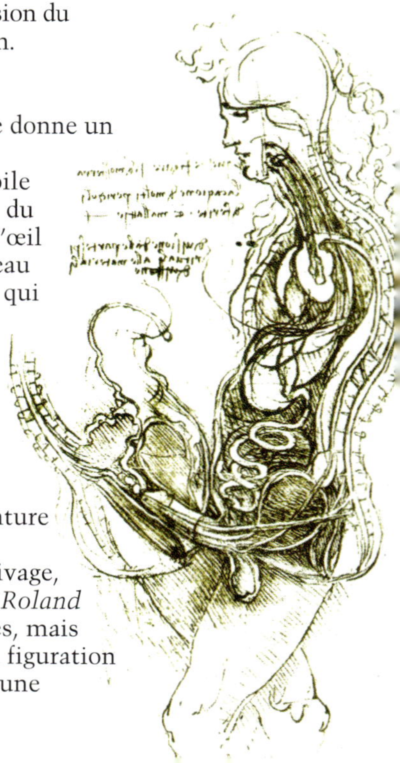

position de voyeur, et désormais dans une nouvelle formulation de l'étendue qui le place au point focal du visible. Ce corps, devenu mesure profane de la représentation, la peinture le sanctifie comme emblème de beauté, de séduction et de plaisir, mais aussi, dans sa laideur ou sa décrépitude, comme objet de connaissance et de méditation. On cherche à comprendre et à représenter l'intimité sexuelle et la réalité organique du plaisir. À la fois scientifique, éthique et artistique, ce nouveau regard va droit à l'essentiel : en 1504, Léonard de Vinci multiplie les études sur le « coït » dans des dessins cliniques dont l'audace peut encore surprendre aujourd'hui.

La beauté a un sexe : celui de la femme. « Elle est le spectacle le plus admirable, la merveille la plus rare et à moins d'être aveugle, chacun avouera que Dieu a rassemblé chez la femme ce que l'univers possède de plus beau » (H. C. Agrippa, *De la supériorité des femmes*, 1509). En revanche, tel Zeus (ci-dessous, Giulio Romano, *Jupiter séduisant Olympia*, 1535), l'homme, au « corps robuste fait de puissance, le menton et les joues garnis de poils », séduit par « un visage altier, renfrogné et inhumain » (J. Liébault, *De l'embellissement des femmes*, 1582).

Vénustés

Combinant les énergies de cette révolution intellectuelle et des mutations techniques qui redéfinissent l'art de peindre, la peinture italienne, en quelques années, renverse tous les tabous qui lui étaient imposés depuis plus de mille ans. Avec son atmosphère pompéienne, cette nudité des corps

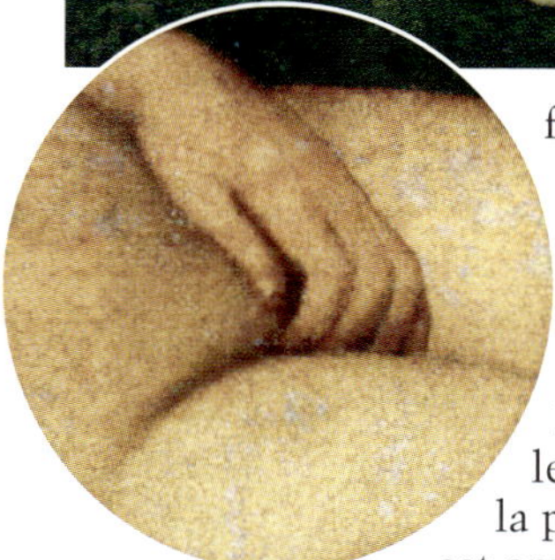

féminins qu'exacerbent des voiles translucides, ses deux couples qui se préparent à un échange amoureux, la fresque *Orgie* (1510) de Giulio Romano pourrait en être le symbole, mais c'est toute la peinture européenne qui est emportée par une formidable vague d'érotisme païen, et d'abord sous le signe dominant de Vénus.

Si les compositions d'Andrea del Brescianino et de Palma le Vieux parient pour l'innocence, on voit bientôt apparaître des œuvres où l'humour se mêle à la provocation, en faveur d'un érotisme plus complexe. Dans sa *Vénus endormie* (1510), Giorgione donne à la déesse le geste instinctif de la masturbation féminine. En 1538, la langoureuse *Vénus d'Urbin* aggrave le scénario : Titien confirme la posture autoérotique mais sans l'alibi du sommeil, en associant le geste à un regard de séduction qui soutient celui du spectateur, tandis qu'un petit chien dort blotti dans les draps de la

La *Vénus endormie* de Giorgione (1510, ci-dessus et détail à gauche) n'évoque pas moins la masturbation que la *Vénus d'Urbin* de Titien (1538, page de droite et détail ci-dessous), mais les doigts, encore en surface chez Giorgione, sont enfoncés jusqu'à la troisième phalange chez Titien. (À droite, *Vénus et Cupidon*, de Lotto.)

déesse, le tout dans une scénographie qui s'alourdit d'une énigme au second plan. Deux ans plus tard, le pieux Lorenzo Lotto fait encore un pas de plus dans la transgression avec sa *Vénus et Cupidon* : sous un coquillage suspendu dont l'orifice figure une vulve ouverte, sourire aux lèvres, Vénus allongée tend à Éros une couronne de laurier à travers laquelle le petit dieu rieur urine et inonde les cuisses de la déesse, en tenant sa verge de la main droite pour viser le triangle qu'il fixe amoureusement des yeux.

La *Vénus d'Urbin* a été peinte pour Guidobaldo Della Rovere (voir p. 64). Son père, le duc d'Urbin, avait acheté, deux ans plus tôt, le portrait du même modèle, la Bella, habillée. Le fils l'a exigée nue.

Zoophilie et perversions

Partout en Occident, on recycle les thèmes érotiques de la mythologie antique, avec une attirance visible, de Raphaël à Baldung Grien, de Cranach au Tintoret, pour le motif des « Trois Grâces » : le thème permet de rapprocher des corps de jeunes filles nues, de figurer les variations de la beauté en donnant à évaluer les subtiles différences entre chaque anatomie, bref, de placer le spectateur, comme Pâris, en position d'arbitre. La prédilection n'est pas moins sensible pour les scènes de zoophilie, parmi lesquelles Léda fait un triomphe avec d'innombrables interprétations comme la *Léda et le cygne* de Michel-Ange, celles de Leonardo da Vinci, de Cesare da Sesto, du Corrège, de Giorgio Reverdi, de Jacopo Pontormo, sans parler du marbre de Bartolomeo Ammanati à Florence. Les multiples amours zoomorphes de Zeus offrent à Titien le prétexte de sa *Danaé* et au Corrège celui

Gabriel de Minut distingue trois beautés (*De la beauté*, 1587). La « beauté religieuse », toute de « chasteté et prudence », garde les lèvres closes pour éviter de suggérer l'impudicité d'un « intérieur » pénétrable. La beauté « mignarde » a le « marcher demi-frétillant qui appelle au leurre d'amour ». Enfin, la « séditieuse » : la grâce lascive dont use Salomé pour séduire Hérode et tuer Jean-Baptiste, ou Judith pour égorger Holopherne (ci-contre, Jan Sanders van Hemessen, *Judith*, 1540).

d'une extraordinaire étreinte météorologique (*Jupiter et Io*, 1530). Une foule d'autres légendes, comme « Jupiter et Antiope » (Van Dyck), « Apollon et Diane » (Albrecht Dürer), « Vulcain, Mars et Vénus » (Tintoret), « Vénus et Adonis » (Titien), sont autant d'alibis pour mettre en scène un érotisme divin où chacun reconnaît les mœurs des classes dirigeantes, par une métaphore dont *Le Festin des Dieux* de Bernard Ryckere est la parfaite illustration. On revisite l'histoire sainte en sollicitant le texte biblique dans ses figures les plus déviantes (Sodome et Gomorrhe, Loth et ses filles, Joseph et la femme de Putiphar, Bethsabée), tandis que le thème de la jeune tueuse, séductrice et meurtrière, trouve dans les personnages de Judith et de Salomé le motif d'une nouvelle fantasmatique qui prépare la voie de deux mythes modernes : la femme fatale et Lolita.

Aux dieux tout est permis, jusqu'à la zoophilie (page de gauche, *Jupiter et Io*, par le Corrège, 1530; ci-dessous, *Léda et le cygne*, par Bartolomeo Ammanati). Ici-bas, plaisirs, luxe, orgies et déviances restent le privilège des grands (double page suivante, Bernard Ryckere, *Le Festin des dieux*, XVIe siècle). Dans son manuel de séduction princière, *Le Courtisan* (1528), Baldassare Castiglione résume la nouvelle tendance : n'être ni rustre ni affecté, mais libre dans ses gestes, élégant dans ses propos et « désinvolte » en toute chose, surtout celles de l'amour.

À chacun ses (p)références : le culte de la force phallique à la romaine (ci-contre *Guidobaldo Della Rovere*, par Bronzino, 1532), ou le retour aux charmes grecs de l'éromène (ci-dessous, *Esclave enchaîné*, par Michel-Ange, 1513-1514).

Braguettes magiques

De son côté, Holbein l'Ancien introduit une sexualité obscure au cœur même du Nouveau Testament. Dans sa *Flagellation du Christ* (1502), il met un soin particulier à évoquer l'état ithyphallique des bourreaux flagellateurs, dotés d'impressionnantes proéminences. Mais il ne fait qu'anticiper les usages les plus communs : fouetter le fils de Dieu ne sera bientôt plus indispensable pour arborer une braguette convenablement dilatée. Gonflée, brodée, chargée de rubans et de pierres précieuses, la braguette devient pendant la Renaissance l'une des parties les plus ornementées et les plus en vue de la mode vestimentaire masculine. Comme dans le portrait du duc d'Urbin par Bronzino, ceux de Ranuccio Farnese (1542) ou de Philippe II (1551) par Titien, les boursouflures de la braguette attestent, bien sûr, la belle virilité de leur propriétaire, mais s'augmentent aussi, grâce à l'inventivité des tailleurs, de multiples enjolivements : en forme d'arc-boutant tissé d'or, ou de coquillage orné de perles, la braguette devient une poche dans laquelle vous pouvez glisser gants, mouchoirs, lettres d'amour ou sachets de fruits confits, que vous offrirez tout chauds… aux filles ou aux garçons, selon vos préférences.

Le « beau vice »

Le thème d'« Hercule et Antée » offre à tous les amoureux du corps masculin l'occasion de rêver sur l'étreinte de deux hommes nus. Michel-Ange sculpteur exalte la beauté athlétique du corps viril dans un retour classicisant à la Grèce (*David*, 1504) qui n'est pas sans rapport avec l'inspiration homosexuelle de son art, et dans des compositions plus alanguies comme celles de *Bacchus* (1496) ou de l'*Esclave enchaîné* (1513-1514) où la symbolique platonicienne (le corps prison) devient le prétexte d'un propos audacieux sur les voluptés douloureuses de l'assujettissement.

Privilège de l'élite, la « sodomie », toujours passible du bûcher pour les classes inférieures, devient pour la bonne société le « beau vice » à la mode : non seulement personne ne s'en offusque, mais on aurait presque tendance à s'en vanter comme d'un avantage. Comment mieux afficher son attachement à l'Antiquité ? Michel-Ange l'exprime ouvertement dans les sonnets amoureux qu'il dédie à son amant Tommaso Cavalieri. En France, le roi Henri III ne

Si Holbein, dans cette *Flagellation du Christ* (ci-dessus) exhibe l'excitation sexuelle des bourreaux, c'est pour en dénoncer la perversion, non pour susciter le désir. Il reste qu'un obscur scénario sadomasochiste habite ici la représentation, selon une tradition attestée depuis le Moyen Âge. Face à la virilité de ses flagellateurs, le corps du Christ, totalement nu, ploie avec une grâce féminine. Connue sous l'Antiquité comme une pratique à la fois sacrée et érotique, la flagellation hante le christianisme (les « flagellants ») avant de devenir un rite libertin.

cache pas sa préférence pour le « vice italien » : les yeux fardés, les lèvres peintes, la chevelure frisée, couvert de dentelles et de satin bouffant, il vit entouré de « mignons » qu'il couvre de ses faveurs avec une prodigalité qui exaspère : « Le Roi, comme l'on dit, accole, baise et lèche / De ses poupins mignons le teint frais nuit et jour. / Eux, pour avoir argent, lui prêtent tour à tour / Leurs fessiers rebondis et endurent la brèche » (Ronsard).

Les positions de l'Arétin

Si le dessin d'atelier le plus audacieux reste unique, la gravure sur métal, d'un réalisme de plus en plus suggestif, offre aux images érotiques le pouvoir de se multiplier par milliers et de dialoguer avec des textes. En 1525, lorsque le peintre Giulio Romano exécute une série de planches représentant « autant de diverses manières, attitudes et postures qu'adoptent les hommes dissolus pour coucher avec les femmes », le poète l'Arétin ajoute aux compositions gravées des *Sonnets luxurieux* qui exaltent la sensualité la plus débridée et chantent la beauté des coïts, des cons, des vits et des culs. Les gravures circulent sous le manteau. On croit y reconnaître des personnalités romaines. L'imprimeur est mis sous les verrous, le peintre prend la fuite et l'Arétin, poignardé dans le dos, passe à deux doigts de la mort, ce qui ne le dissuade pas de poursuivre son audacieuse croisade érotique en publiant les *Ragionamenti* (1536, 1556).

Change et démesures

Éros se monumentalise. Près de Viterbe, en terre étrusque, autour d'une villa dessinée par Vignole,

Ci-dessous, la *Vénus* enfouie du « Bois sacré » de Bomarzo, qui accueille le visiteur par ces mots : « Tu entres dans le domaine du rêve. » Créé vers 1575 par Pirro Ligorio, ce vaste jardin, saturé de symboles et de sculptures monumentales, est un parcours initiatique néoplatonicien « fait non sans mystère » et dont la femme est l'enjeu : aimer un beau corps, deux beaux corps, puis plusieurs, et enfin tous les beaux corps pour atteindre l'Idée : tel est « le vrai chemin de l'amour [...] qui n'a d'autre objet que le Beau » (Poliphile). Mais à quelle divinité cette dialectique nous permet-elle d'atteindre ? Au terme de six étapes semées de surprises, le parcours s'achève par un temple majestueux mais totalement vide où se lit, gravé dans la pierre : « Mais que croyais-tu ? »

Sous le titre de *Positions de l'Arétin*, l'œuvre de Giulio Romano (en bas, *Sonetti lussuriosi*, 1527) inspirera la composition des postures amoureuses les plus acrobatiques, comme les gravures de J. J. Coiny (1761-1809; ci-dessus et ci-contre) d'après les dessins de A. Carrache (1557-1602) ou les planches de R. Elluin (1745-1810) d'après les dessins de A. Borel (1743-1810).

les jardins exaltés de Vincino Orsini, duc de Bomarzo, se peuplent en 1575 de gigantesques sculptures qui mêlent fantastique et érotisme : un géant furieux déchire sa victime par les cuisses, des sphinges aux seins gonflés sourient, des nymphes nues aux poses lascives arrosent les bassins, des sirènes tiennent de jeunes garçons déjà très virils à hauteur de leur bouche, un vertige de démesure onirique qui, par-delà les siècles, fait penser au monde de voluptés immenses que Baudelaire rêvera dans *La Géante*.

En peinture, le maniérisme entraîne la représentation érotique dans une subtile altération des proportions qui

APri le coſcie, accio ch'io ueggia bene
Il tuo bel culo, e la tua potta in uiſo,
Culo da compire un pare un paradiſo,
Potta, ch'i cori ſtilla per le rene;
Mentre, ch'io uagheggio, egli mi uiene
Capriccio di baſciarui al'improuiſo,
E mi par eſser piu bel, che Narciſo
Nel ſpecchio, che'l mio cazzo allegro tiene;
Ahi ribalda, ahi ribaldo, in terra, & in letto
Io ti ueggio puttana, e t'apparecchia
Ch'io ti rompa due coſtole del petto;
Io te n'incaco franciosata uecchia,
Che per queſto piacer plusquamperfetto
Entrarci in un pozzo ſenza ſecchia,
E non ſi troua pecchia
Ghiotta d'i fior com'io, d'un nobil cazzo,
E no'i prouo ancho, e per mirarlo ſguazzo;

Loin du partage entre sacré et profane, l'*Allégorie avec Vénus et Cupidon* de Bronzino (ci-contre, 1540) utilise les antinomies de l'esthétique précieuse pour poser l'énigme de l'amour physique lui-même, en rejetant le sacré hors du représentable, au-delà des « ciels » bleus que se disputent Saturne et un masque sans tête. C'est du désir sexuel qu'il est ici question, dans un montage symbolique qui en expose les ambivalences, les joies et les dangers. Au premier plan, Vénus s'enlace à Cupidon qui l'embrasse en pressant son sein, tandis qu'un Amour souriant leur jette des roses sans s'apercevoir qu'une épine lui traverse le pied. Derrière, à droite, une avenante chimère offre de sa main droite un rayon de miel (plaisir d'amour partagé), tout en cachant dans sa main gauche un dard venimeux qui n'est autre que l'extrémité de sa queue. À gauche, désigné par la flèche que Vénus vient de subtiliser à Cupidon, un homme aux yeux révulsés se tient la tête avec une expression d'agonie que redouble la coloration terreuse de sa peau. On y a vu l'allégorie de la Jalousie; il personnifie en fait la syphilis.

allonge et courbe les corps, mais qui ne s'éloigne de la fidélité réaliste que pour mieux sacraliser les apparences. Les irrésistibles *Vénus et Cupidon* d'Alessandro Allori et de Lambert Sustris comme les vibrantes « Allégories » de Bronzino ou les précieuses compositions de l'école de Fontainebleau (*Gabrielle d'Estrées et la duchesse de Villars*, 1594) semblent faire du corps désirant l'incarnation même d'un instant d'éternité, peut-être factice et volatile, mais au regard duquel le ciel de la transcendance comme l'immanence du réel lui-même se changent en songes encore plus illusoires. En rendant existentiel le doute que le maniérisme semblait assigner à toute forme et à toute certitude visible, le « change » baroque place Éros à la croisée de deux chemins : la jouissance ascétique de la sainteté

et les plaisirs libertins qui parient pour un monde sans Dieu.

Nouveau Monde

L'exploration des Nouveaux Mondes ouvre l'imaginaire occidental sur un ailleurs absolu que le Moyen Âge avait rêvé, mais dont les récits de voyages et leurs planches illustrées offrent désormais des témoignages littéralement inouïs. Avec les chargements d'or qui déversent sur l'Europe le métal précieux dont la nouvelle économie marchande a besoin pour établir sa toute-puissance, les galions rapportent d'Amérique des objets d'or et de terre cuite qui révèlent un art où les organes génitaux, l'acte sexuel, la copulation avec les animaux constituent des figures visiblement ordinaires. Soupçonnés d'anthropophagie et des usages les plus étranges, les Indiens d'Amérique et des Caraïbes posent à la chrétienté un problème fondamental : appartiennent-ils à l'humanité ? Ont-ils une âme ? La Controverse de Valladolid, en 1550, leur en accorde définitivement le bénéfice, mais sans rien changer aux habitudes des colonisateurs, qui persistent à violer par milliers les jeunes Indiennes : une façon comme une autre d'enseigner à ces sauvageonnes que l'amour civilisé ne se pratique pas à quatre pattes, mais exclusivement face à face, dans cette disposition honorable des corps que l'on nommera la « position du missionnaire ».

Le paradis sur terre (ci-dessus, *Pêcheurs de perles et de coraux*, allégorie de la découverte de l'Amérique par Jacopo Zucchi, 1575) contient-il les germes de l'enfer, comme le laisse supposer la bestialité de son art (à gauche, poterie péruvienne, vers 700) ? L'apparition de la syphilis en 1494 à Naples fait croire qu'elle y a été apportée du Nouveau Monde par les marins de Christophe Colomb, rentrés en 1493 et présents à Naples au moment de l'épidémie. On sait depuis peu que le tréponème pâle – vecteur de la maladie – est passé du Moyen-Orient en Europe au cours des croisades.

Par une étrange coïncidence, c'est à la même époque que se répand en Europe une maladie incurable et fatale, qui n'épargne pas les monarques (François Ier, Charles Quint) et dont on comprend vite qu'elle se transmet sexuellement : la syphilis, ainsi nommée en 1530 par Girolamo Fracastoro, qui va s'attacher à Éros comme la figure de son cauchemar, en faisant des millions de victimes jusqu'au traitement par la pénicilline en 1945. Transmis par les prostituées et les soldats, le fléau se diffuse dans toute l'Europe.

Islam amoureux

Tandis que l'Espagne, redevenue chrétienne, tente de conjurer plusieurs siècles d'occupation arabe par une surenchère de dévotions et de mortifications, la civilisation musulmane, depuis plus d'un siècle déjà, se détourne résolument de l'ascétisme. Dans l'immense empire qui reste sous l'autorité de l'islam, c'est la grande époque des « fous d'amour » et des littératures du désir. On poursuit la compilation des *Contes des Mille et Une Nuits*, et les lettrés forgent des « manuels » d'érotologie comme le *Guide de l'éveillé* d'Ibn Foulayta, *Les Fleurs éclatantes dans les baisers de l'accolement* d'Ali al-Baghdadi, ou *Le Jardin parfumé*, rédigé au XVe siècle pour le sultan de Tunis Abd al-Aziz Abû Faris (1410-1434), par un érudit du nom de Cheikh Mohammed Nefzaoui qui

❝Dixième manière, dite *Hachou* en nekanok (la queue de l'autruche) : La femme étant couchée sur le dos dans la longueur du lit, l'homme se place à genoux et lui élève les jambes vers l'azur [...]. Il la pénètre et saisit ses fesses pour donner à l'acte d'amour sa cadence, tandis qu'elle noue à son cou le collier de ses jambes.❞

Le Jardin parfumé, VI
[ci-dessus, Talib zu Qadari, *Nuit de noces*, Iran, vers 1650]

cherchait à rentrer en grâce auprès de son souverain.

La devise de Nefzaoui est claire : « Louange à Dieu qui a mis le plus grand plaisir des hommes dans les parties naturelles des femmes, et qui a fait consister celui des femmes dans les parties naturelles des hommes. » Parmi mille anecdotes et recommandations, le traité recense les 600 noms que la tradition a donnés aux sexes masculin et féminin. Pour l'« huis » des femmes, chaque dénomination est l'objet de commentaires qui en disent long sur l'observation attentive et souriante que la culture musulmane porte aux réalités et aux symboles de l'amour : « Le mot *kouss* est réservé surtout à l'huis de la femme très jeune, qui est le plus frais, le plus savoureux, le plus fin. On nomme "capuchon" l'huis où rien n'est encore entré. [...] L'"enlaidisseur" est celui qui, par sa beauté, fait paraître laides toutes les autres parties du corps de la femme, ou qui par sa laideur, enlève tout agrément à celui qui regarde le reste du corps, fût-il le plus gracieux du monde [...] La "plisseuse" est le nom donné à l'huis qui, en recevant l'instrument, plisse et replisse ses muqueuses en coinçant l'homme jusqu'à ce que vienne son plaisir [...]. L'"auxiliaire", quand le plaisir de l'instrument tarde à venir et que son eau se trouve loin du but, aide celui-ci par des exercices de montée et de descente, d'ébranlement, de râle, d'assaisonnement en paroles excitantes, jusqu'à ce qu'arrive le plaisir. »

❝Par Dieu ! Ne cherche pas à m'amuser par des étreintes, ni par un désordre de baisers et d'embrassements évanescents. Pour apaiser mes tourments, il n'est que le phallus dont la blanche et suave liqueur pénétrera en moi, jusqu'au fond de mon puits d'amour.❞
Le Jardin parfumé, VI
[Ci-dessus, princesse se coiffant, Inde, vers 1750]

Schisme et répression

En Europe, en revanche, l'heure n'est plus du tout à la frivolité. À la lumière de la récente érudition humaniste, une nouvelle lecture du texte sacré, incompatible avec la tradition romaine et apostolique, revendique une foi chrétienne pure et réformée. Les « protestants » font sécession en jetant l'anathème sur une papauté identifiée à la luxure : c'est le schisme, le monde chrétien se brise en inaugurant une longue période de guerres religieuses et d'autodafés. Les adversaires rivalisent de fanatisme pour instituer dans les mœurs une rigueur morale plus intolérante que ne l'avait jamais espéré l'Église médiévale dans ses rêves les plus fous. Calvin et Luther lèvent l'interdit du mariage des prêtres, mais pour mieux stigmatiser le plaisir. Le désir est de nouveau diabolisé ; on rallume les bûchers et, du côté de la Réforme comme dans le camp de la Contre-Réforme, l'érotisme devient la cible de toutes les malédictions.

Bien après que les guerres de Religion se seront éteintes, ce rigorisme continuera longtemps à dicter sa loi répressive, en établissant jusqu'à la seconde moitié du XXe siècle un divorce durable entre érotisme et idéal social. C'est sur le mépris du corps et la répression des pulsions sexuelles que se régleront les valeurs et se construira, en Europe et en Amérique du Nord, la puissance de la société occidentale, laborieuse, marchande et technicienne, qui va imposer sa suprématie au reste du monde.

Bienséance et pulsions

Si la bienséance classique réprime avec rigueur les débordements érotiques de la Renaissance, c'est avec la conscience qu'en dépit des interdits, l'esprit de luxure et de transgression s'est enraciné dans l'âme moderne au point que les autorités spirituelles ne peuvent plus à elles seules faire face au danger. Des mains de l'Église, la censure passe à celles de l'État : c'est un tribunal royal, en 1623, qui condamne Théophile de Viau à l'exil pour son *Parnasse satirique*, une anthologie érotique qui constitue la première offensive d'un nouveau cercle d'opposants,

La censure, exercée par la police autant que par l'Église, fait peser sur le plaisir un interdit dont la société va user pendant quatre siècles pour canaliser les énergies dans le sens de ses intérêts. À la frivole prodigalité d'Éros, l'âge moderne oppose ses valeurs de sérieux et de rétention : sacrifice, travail, épargne, enrichissement. Un diktat dont la décompensation se traduit par les fantastiques compositions de P. Huys (en haut, *La Tentation de saint Antoine*, 1547) et de Jérôme Bosch (détails de *L'Enfer*, 1503).

les libertins, engagés dans une lutte contre l'obscurantisme qui rend solidaires érotisme et incroyance. Fulminant en chaire contre la concupiscence, Bossuet – qui en savait long sur la question, après une jeunesse de débauche – n'en appelle plus seulement à la lutte contre Satan, mais contre la sexualité humaine elle-même, qui assujettit à une pulsion dévoratrice : « Dans le transport de l'amour humain, qui ne sait qu'on se mange, qu'on se dévore, qu'on voudrait s'incorporer en toutes manières et enlever jusqu'avec les dents ce qu'on aime pour s'en nourrir, pour s'y unir, pour y vivre. »

Érotisme transcendant

Face à cet amour profane que la Contre-Réforme cherche à anéantir, c'est l'amour sacré de la transcendance qui s'érotise. La *Thérèse* du Bernin en reste le symbole le plus incandescent : seuls l'idéal ascétique de la sainteté, la mortification du corps, l'abstinence intégrale nous ouvrent la voie lumineuse d'une béatitude qui peut s'éprouver, ici-bas, sous la forme d'une bienfaisante douleur. Quelques artistes résistent par une surenchère de sensualité bien terrestre, comme Francesco Furini (*Hylas enlevé par les nymphes*) ou Jacques Blanchard avec *Vénus et les Grâces*

Les confessions de sainte Thérèse d'Ávila ne cachent rien de cette puissance érotique de la « transverbération » : « Je voyais près de moi, à ma gauche, un ange [...] Je voyais dans ses mains un long dard en or [...] il l'enfonçait dans mon cœur à plusieurs reprises, il m'atteignait jusqu'aux entrailles. »

surprises par un mortel, qui met en scène un homme habillé découvrant quatre corps nus lascivement entrelacés. Mais à l'exception de ces dissidents et de quelques grands comme Rubens (*Léda et le Cygne*), Van Dyck (*Cupidon et Psyché*), Rembrandt (*Danaé*) ou Velázquez (avec sa *Vénus au miroir*) qui persistent résolument dans l'érotisme antique et profane, la peinture baroque, tétanisée par le nouvel ordre moral, se réfugie dans la nature morte, les fleurs, le paysage et l'exaltation de la Sainte Famille. Voiles et draperies prolifèrent : les modèles féminins sont priés de se rhabiller jusqu'au cou, sauf s'il s'agit de poser pour les sévices infligés à une sainte. Souffrance, mort, déchéance, vanités et martyres sont à la mode. Ce sont désormais les supplices de l'hagiographie qui deviennent sujets de délectation esthétique.

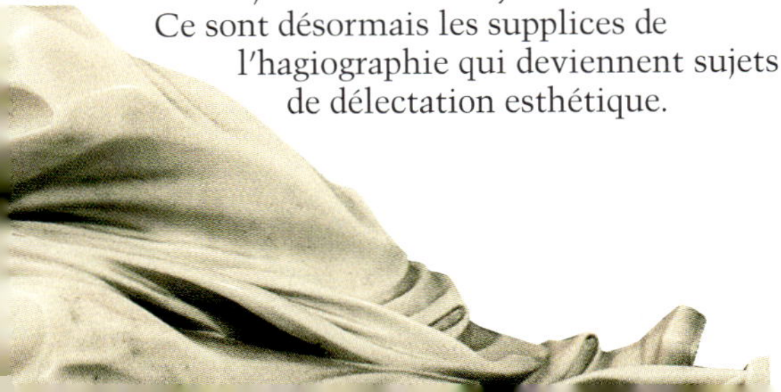

Tandis que la sainte jouit sous ses voiles (page de gauche, sculptures du Bernin : en haut, *Extase de sainte Thérèse*, 1644-1652 ; en bas, *Extase de la bienheureuse Ludovica Albertoni*, 1671-1674) et que la censure s'alourdit, l'âge classique redécouvre la vénusté païenne (ci-dessus, *Vénus et les Grâces surprises par un mortel*, par J. Blanchard, vers 1635). Face à un christianisme divisé qui ne se réconcilie que dans la haine de la volupté, il ne reste plus à Éros que le choix de se faire libertin, puis philosophe. La reconquête du droit au plaisir devient solidaire des progrès de l'incroyance.

« *Mille e tre* »

À l'heure de la répression sexuelle, un mythe négatif – Don Juan – incarne les cauchemars qui hantent l'imaginaire érotique de l'âge classique et la dimension politique de la lutte contre les libertins. Les faits, bien réels, s'étaient déroulés un siècle plus tôt dans une Espagne encore partagée entre l'esprit picaresque et la montée en puissance d'un ultracatholiscisme qui allait donner Loyola et la carmélite d'Ávila. À Séville, donc, vers 1520, un jeune homme était célèbre pour ses innombrables aventures amoureuses, son immoralité, et son défi contre les valeurs et les autorités. Allant jusqu'à braver Dieu (« Qu'il me punisse donc ! »), il était pour tous un scandale vivant. Mais l'habileté du jeune Don Juan était si grande que nul ne parvenait jamais à le confondre. Jusqu'au jour où il commet l'erreur sacrilège de s'attaquer à une pupille des Franciscains : il enlève la jeune fille de son couvent, lui promet le mariage, la séduit, la déshonore, puis l'abandonne. Outrés, les moines tendent un piège au séducteur, l'assassinent, font disparaître son corps et répandent le bruit que Don Juan vient d'être foudroyé par le ciel et entraîné en enfer.

L'histoire devient légendaire et, en 1665, Molière en tire une pièce métaphysique ambiguë où un athée s'affronte à Dieu. Non conforme, l'œuvre est critiquée. Officiellement, Don Juan est l'homme à abattre. Amant aussi irrésistible que glacé, il séduit pour détruire et profaner, comme un chasseur tue sa proie pour le seul plaisir de tuer. Il collectionne les aventures érotiques, sans le moindre sentiment

“[…] Tout le plaisir de l'amour est dans le changement. On goûte une douceur extrême à réduire par cent hommages le cœur d'une jeune beauté, […] à vaincre les scrupules dont elle se fait un honneur, et la mener doucement, où nous avons envie de la faire venir. Mais lorsqu'on en est maître une fois, il n'y a plus rien à dire, ni rien à souhaiter […] si quelque objet nouveau ne vient réveiller nos désirs, et présenter à notre cœur les charmes attrayants d'une conquête à faire (…). Il n'est rien qui puisse arrêter l'impétuosité de mes désirs, je me sens un cœur à aimer toute la terre.”

Molière, *Don Juan*, I, 1

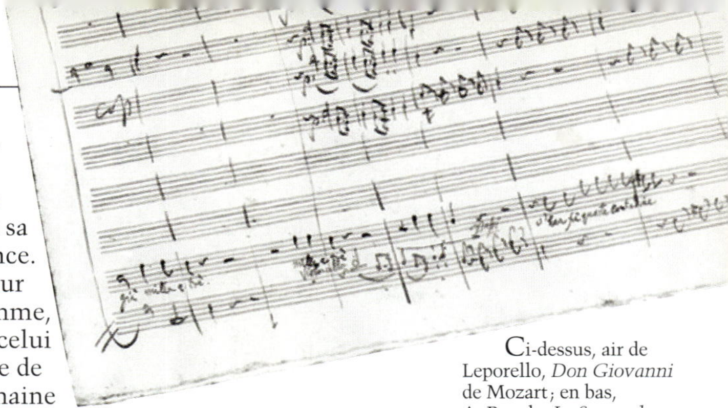

pour les « *mille e tre* » victimes qu'il immole sur l'autel de sa toute-puissance. Grand seigneur méchant homme, il symbolise celui qui s'exempte de toute loi humaine ou divine : une incroyance que l'Église ne peut tolérer, une indépendance que la monarchie cherche à briser. À travers l'effigie du suborneur dévoré par les flammes de l'enfer, ce que l'on cherche à exorciser, c'est le défi athée des libertins, la prétention à l'autonomie et, au-delà de cette insoumission, une menace indéfinissable que l'on pressent plus vaste et plus obscure encore. Un siècle plus tard, lorsque le *Don Giovanni* de Mozart, juste après *Les Noces de Figaro*, fait un triomphe à l'Opéra en 1787, les Lumières éclairent d'un tout autre sens l'injonction de liberté et la portée politique du libertinage.

Ci-dessus, air de Leporello, *Don Giovanni* de Mozart ; en bas, A. Perada, *Le Songe du chevalier*, XVIIe siècle. Quel cauchemar traverse les rêves de Don Juan ? *Hylas enlevé par les nymphes* (page de gauche, par F. Furini, XVIIe siècle) symbolise l'homme victime des séductrices : celles qui défient la pudeur du premier venu pour qu'il assouvisse leurs désirs, les « nymphomanes » telles que les désignera en 1771 le médecin J. D. T. de Bienville.

Assujetti aux surenchères ascétiques de la Réforme et de la Contre-Réforme, l'âge classique inflige au plaisir sexuel une répression sauvage à laquelle n'échappent que les grands du royaume. Face à un christianisme divisé qui ne se réconcilie que dans la haine de la volupté, Éros est condamné à se faire libertin puis philosophe, incrédule puis athée.

CHAPITRE 4

ÉROS CLASSIQUE

Au nom de Dieu, le XVIIe siècle accumule les voiles. Au nom de la nature, l'âge des Lumières les fera tomber. On aime voir les filles se retrousser (page de gauche, François Boucher, *La Jupe relevée*, 1742); on se plaît aussi à déshabiller les rois et les reines (ci-contre, cartes à jouer, XVIIIe siècle). Le plaisir est devenu dissident.

L'École des filles

Le mariage a beau rester une affaire de patrimoine et de filiation, qui a peu à voir avec les sentiments ou le plaisir, la morale a beau être pesante, les esprits commencent à rêver. En 1662, dans *L'École des femmes*, Molière donne à sa virginale Agnès des aspirations érotiques qui se limitent, bienséance oblige, au cadre matrimonial « ... si rempli de plaisirs. Que de se marier il donne des désirs » (V, 4), mais après lui avoir permis de poser la question du plaisir lui-même, hors des liens du mariage : « Un péché, dites-vous ? Et la raison, de grâce ? » (II, 5). C'est un petit pavé dans la mare des puritains. À peine un caillou en fait, car, depuis 1655, circule sous le manteau *L'École des filles*, qui apporte aux mêmes questions des réponses plus directes : « Fanchon : Mais après tout, ces filles qui sont si timides et qui ont si peur d'engrosser, comment peuvent-elles faire quand l'envie leur en prend [...] ? Suzanne : [...] elles se contentent de godemichés, ou de simples engins de velours ou de verre formés à la ressemblance d'un membre viril naturel, [...] ou, faute de cela, mettent le doigt au con tant avant qu'elles peuvent, et se font ainsi décharger [...] car le foutre étant naturel comme le manger et le boire, quand elles ont passé quinze ans elles ne sont plus dans l'innocence, et faut bien qu'elles apaisent leur chaleur naturelle vitale. » *L'École des filles*, premier abrégé d'érotisme publié en français, est vite suivi d'une longue série d'ouvrages du même type, parmi lesquels les fameux *Dialogues d'Aloysia Sigea* (ou *Satya sotadica*, de Nicolas Chorier, 1660), véritable manuel d'initiation sexuelle avec

Face aux interdits, les libertins du XVIIe siècle multiplient les provocations : albums (ci-dessus, « Si les mouches foutent en l'air / Doit-on pas louer la méthode, / Qui fait si doucement branler, / Puisque chacun fout à sa mode ? »), objets (ci-dessous, dé à jouer, ivoire) et récits illustrés (page de droite, *L'École des filles*, édition de 1667). Mais au risque de leur vie.

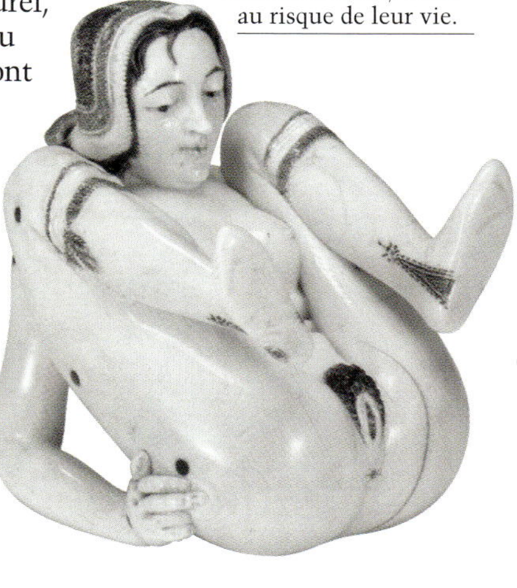

Icy les Dames ſans vſure
Achettent de toutes façons,
Chacune ſelon ſa meſure
Des Vits, qui ſont leurs hamecons.

« Nuls traits à découvert n'auront ici de place ; / Tout y sera voilé ; mais de gaze ; et si bien, / Que je crois qu'on n'en perdra rien. / Qui pense finement, et s'exprime avec grâce, / Fait tout passer ; car tout passe : / Je l'ai cent fois éprouvé : / Quand le mot est bien trouvé, / Le sexe en sa faveur à la chose pardonne. »
La Fontaine

Le parti dévot est tout puissant. La prudence devient une question de survie : pour parler à demi-mot, l'âge classique invente l'« effet de sourdine ». Devenu rhétoricien, Éros utilise l'ellipse (qui ne dit rien), la litote (qui dit le moins pour signifier le plus), la prétérition (qui attire l'attention sur ce qu'on déclare ne pas dire), ou la réticence (qui s'interrompt pour laisser entendre ce qui suit). On fait parler le silence, on joue avec les mots (métaphore, ironie, équivoque), on contourne l'objet sans le nommer (périphrase) : « Il faut laisser / Dans les plus beaux sujets / quelque chose à penser » (La Fontaine).

exercices pratiques (mais pour érudits, car en latin), et de nombreux albums de gravures, plus accessibles, comme la fameuse série d'estampes connue sous le titre *L'Amour au XVIIe siècle*. Libertin et dissident, le genre « dissolu », en vogue depuis le début du XVIIe siècle, subit une répression sauvage. La police et les Jésuites pourchassent les fauteurs d'« ouvrages sales et déshonnêtes ». Banni en 1619, condamné à se livrer pieds nus devant Notre-Dame de Paris pour y être brûlé vif en 1623, Théophile de Viau est incarcéré jusqu'en 1625 et meurt peu après sa libération ; en 1662 Claude Le Petit est exécuté pour la publication du *Bordel des muses* et, en 1665, l'*Histoire amoureuse des Gaules* conduit Bussy-Rabutin sous les verrous. Contrainte d'abandonner la provocation pour la suggestion, l'inspiration érotique apprend le style et se fait savante.

Les précieuses

Dans la bonne société, les livres licencieux ne circulent que « sous le manteau » et la plus stricte tenue morale est de rigueur, surtout pour les femmes, auxquelles le moindre écart peut devenir fatal : « accorder ses faveurs » suppose des prodiges de discrétion et une femme convaincue d'adultère finit au couvent. Pour faire front, Mlle de Scudéry lance la mode d'un nouvel art d'aimer mondain, où poésie, jeux d'esprit et prévenance se substituent aux tentations sexuelles : c'est l'« amour précieux », qui distingue huit types de beautés, neuf sortes d'estime, douze espèces de soupirs, etc.
On se donne rendez-vous sur la *Carte du Tendre*, où il s'agit d'éviter les villages « Médisance » ou « Indiscrétion », en passant plutôt par « Billet galant », « Respect » et « Petits-Soins ».

Molière s'est moqué de ces précieuses « ridicules », mais c'est en se souvenant du *fin'amor* courtois que Mlle de Scudéry engage un combat, riche d'avenir, contre l'hégémonie du sexe fort : « Je veux un Amant qui, se contentant de la possession de mon cœur, m'aime jusqu'à la mort. » Pari gagné pour ce féminisme à l'état naissant : les œuvres de Mlle de Scudéry sont traduites de son vivant dans toutes les langues, et l'amour précieux porte dans l'Europe entière l'image d'une séduction « à la française » qui place très haut les ambitions civilisatrices d'un Éros sublimé : être une femme d'esprit et un homme galant, émouvoir par le charme de ses propos et de ses manières, savoir écrire une lettre d'amour, partager avec l'être aimé ce que l'art peut offrir de plus beau, pouvoir interpréter le moindre regard et le geste le plus retenu, voilà désormais les qualités des parfaits amants, bien loin des trivialités du sexe et de la

C'est en 1654 que Mlle de Scudéry (à gauche, estampe, XVIIe siècle) commence à publier *Clélie* (10 volumes). L'héroïne, Clélie, connaît si bien les recoins de l'âme qu'elle en dresse la topographie : le doux pays de l'amour est arrosé par le fleuve Inclination ; la rive droite représente la raison, et la gauche, le cœur. Si on s'en éloigne, le sentiment s'assombrit. En se laissant glisser au fil de l'eau, on passe par toutes les étapes du désir, depuis la surprise de la première rencontre (Nouvelle Amitié) jusqu'aux Terres inconnues du mariage (ci-dessus, *Carte du Tendre*, 1654).

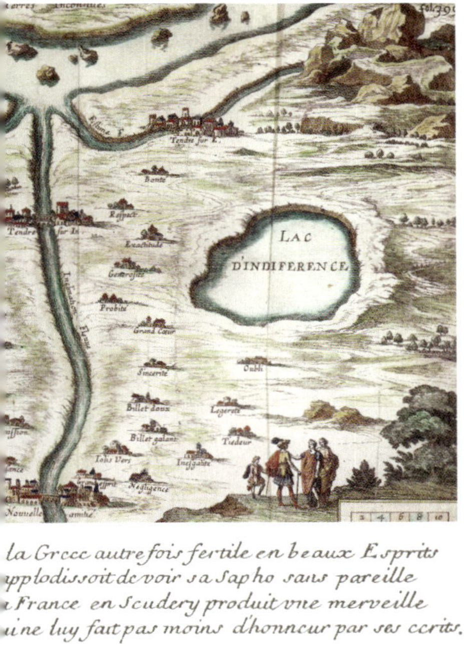

grivoiserie. Ce qui n'empêche pas les mauvaises langues d'insinuer que, faute de galants, les précieuses trouvent entre elles un succédané, les relations contre nature. Mlle de Scudéry ne s'était-elle pas elle-même donné le nom de Sappho ?

Si les salons deviennent par excellence l'espace des séductions (ci-dessus, Philippe Bergaigne, détail des *Joueurs de cartes*, 1699), ils sont aussi le lieu où chacun se surveille : le moindre faux pas peut perdre une réputation. Discrétion, pudeur, idéalisation, stratagèmes : les femmes sont contraintes de se faire « savantes » pour laisser deviner à demi-mot leurs émotions et leurs désirs. Si l'inspiration érotique y perd en innocence, elle y gagne en subtilité et en profondeur.

L'énigme des tribades

À l'âge classique, comme par le passé, l'homosexualité féminine jouit d'une certaine immunité : ses adeptes ont l'habitude de la discrétion et l'Église, tout en criant au crime, ferme les yeux dans la mesure où aucune semence procréatrice ne s'y trouve mise en danger. Les « tribades » (ou « fricatrices »), c'est-à-dire littéralement les « frotteuses » (du grec *tribein*, et du latin *fricare*, se frotter) constituent une énigme incompréhensible, surtout pour les hommes. À leurs yeux, les tribades se frottent en pure perte, dans des étreintes inabouties qui ressemblent à de vagues plaisirs solitaires pris

à deux ou à plusieurs, bien plus qu'à une véritable jouissance, d'ailleurs impensable sans la pénétration du membre viril. Le saphisme est vu comme un plaisir vain et frivole, facilement excusable chez les adolescentes. C'est l'opinion générale jusqu'à la seconde moitié du XVIIIe siècle, époque où commence à se faire jour l'idée que l'amour exclusivement féminin possède sa spécificité. Jusque-là, le plaisir qu'une fille peut donner à une autre fille, considéré comme une passade, inquiète peu, du moins s'il s'agit de très jeunes filles. En revanche, lorsque cette extravagance s'observe chez des femmes, ou pis encore, chez des femmes d'âge mûr, il n'est pas rare que l'on commence à y suspecter le signe du diable : n'est-il pas attesté que les sorcières se livrent entre elles à des orgies avant de s'offrir à Belzébuth ?

Tandis que les libertines s'amusent entre elles en se passant des hommes (ci-dessus, gravure in l'Arétin, *L'Académie des dames* et page de droite, phallus pendentif), l'âge classique ressuscite l'idée médiévale d'un saphisme luciférien. La chasse aux sorcières qui sévit jusqu'à la fin du XVIIe siècle envoie au bûcher la femme qui réserve ses charmes à ses semblables. Mais le diable commence à faire long feu et, en 1647, la science tranche l'énigme des tribades : le vrai coupable n'est pas Satan, mais le clitoris.

Aimons, foutons

Sultan occidental, le Roi-Soleil, à Versailles, vit selon son « bon plaisir » au milieu d'un véritable harem de jeunes femmes prêtes à se déchirer pour accéder, ne serait-ce qu'une nuit, au lit du souverain, et si Monsieur, frère du roi, peut afficher ses goûts pour la sodomie, cette liberté ne dépasse guère le cercle de la Cour et de la haute noblesse ; pour le reste du pays, le règne de Louis XIV correspond dans les mœurs à de véritables années de plomb, spécialement lorsque commence à prévaloir l'influence bigote de Mme de Maintenon.

Poètes, magistrats, artistes, riches bourgeois et jeune nobles de Paris se révoltent contre le puritanisme religieux, la surveillance policière, le conformisme hypocrite de la « bienséance ». On brave la censure ; dans les cabarets, on chante le plaisir, l'amour et la liberté de vivre à sa guise. En publiant sous son nom des *Contes et Nouvelles*, inspirés de Boccace et de Rabelais, La Fontaine choisit son camp, mais l'œuvre est composée avec tant d'esprit que Mme de Sévigné en recommande la lecture à sa fille. Elle y aurait regardé à deux fois pour les « chansons », diffusées anonymement, où le même La Fontaine parle du sexe et de l'amour, avec une liberté qui ressemble bien à de la dissidence : « Aimons, foutons, ce sont plaisirs / Qu'il ne faut pas que l'on sépare ; / La jouissance et les désirs / Sont ce que l'âme a de plus rare, / D'un vit, d'un con, et de deux cœurs, / Naît un accord plein de douceurs, / Que les dévots blâment sans cause. / Amarillis, pensez-y bien : / Aimer sans foutre est peu de chose / Foutre sans aimer ce n'est rien. » La bienséance, on le sent, a fait son temps.

En bas, *Diane et les nymphes surprises*, de Giuseppe Cesari. À l'article « clitoris » des *Institutions anatomiques* (1647), Bartholin revient sur la découverte de Colombo et Fallope : le mystère lesbien tient tout entier dans cet appendice qui est « la verge ou le membre de la femme, tant parce qu'il ressemble au membre viril en situation, en substance, en composition [...] que parce qu'il croît en quelques-unes de la grosseur même du membre viril, de sorte que quelques femmes abusent du clitoris au lieu du membre viril, et s'accouplent ensemble ». L'idée de pénétration est sauve et le saphisme relève de l'anomalie anatomique : les filles qui se passent de garçons sont aussi bien membrées que les hommes, ou disposent d'une maîtresse pourvue de cet avantage. On y croira jusqu'au XIXe siècle.

Bonheur et liberté

Comme à l'époque de la première résurgence d'Éros, mais avec une capacité d'incroyance que n'avait pas la Renaissance, l'âge des Lumières redécouvre le matérialisme antique, Épicure et Lucrèce, pour s'inventer un nouveau culte du réel auquel l'empirisme anglais ajoute le soupçon que les idées naissent de l'expérience sensorielle. Si le corps est la mesure de toute chose, l'individu n'est-il pas l'ultime valeur ? Symbole d'autonomie, l'individu devient le socle sur lequel le siècle des Lumières renverse l'axe des temps : le paradis perdu n'est plus derrière nous, il est à l'horizon. Le bonheur devient une idée neuve en Europe. Et comment croire au bonheur sans rendre ses droits à celui, tout naturel, dont notre corps a le secret ? Le nouveau culte rendu à la nature prête à penser qu'il existe une virtualité

De *Léda au bain* (Corrège) à *Danaé* (Tiepolo), de *Diane et Actéon* (Gainsborough) aux *Trois Grâces* (Regnault), la peinture persiste dans la mythologie érotique, en se prêtant, comme Boucher (ci-dessus, *Louise O'Murphy*, 1751), à un orientalisme qui devient le prétexte de nus cambrés aux postures suggestives : les fesses magnifiées de la jeune maîtresse de Louis XV occupent le centre du tableau (ci-contre, détail de *L'Odalisque*, 1750). Watteau déshabille peu ses modèles, mais donne à la *Dame à sa toilette* un regard aussi effronté que celui de la *Jeune fille détroussée* de Boucher qui, sourire aux lèvres, montre son pubis en fixant le spectateur droit dans les yeux.

bénéfique et civilisatrice du plaisir amoureux. On ne rejette pas le mariage, mais on valorise la liberté érotique, malgré les risques : quoi de plus charmant qu'un enfant naturel ? Pour ceux qui préfèrent l'éviter, il y a désormais le condom, en fine peau de vélin, et une technique qui fait fureur : le *coitus interruptus*, dont la pratique, de plus en plus répandue, va finir par agir sur la démographie. « Vive l'amour ! » lit-on sur un pendentif que filles et garçons portent par milliers vers 1750 : l'amour, oui, mais pour lui-même, pour le plaisir.

"Elle s'assit, et posa son joli pied sur une chaise, de sorte qu'on le voyait en entier. [...] Saintepallaie était hors de lui-même : il alla et revint cent fois sur ses pas, pour jeter à la dérobée un coup d'œil sur le joli pied : quelquefois il levait les yeux plus haut pour admirer la figure ravissante de celle qui possédait cet appas vainqueur."
Restif de La Bretonne, *Les Contemporaines*

Au magnétisme de la fesse s'ajoute le fétichisme du pied (ci-dessus, F. Boucher, *Le Pied de Mlle O'Murphy*, étude au pastel, 1751), vanté par Restif de La Bretonne.

Régence

La mort de Louis XIV en 1715 marque une brusque libération des mœurs. Le libertinage, jusque-là dissident, entre à la cour du Régent, Philippe d'Orléans. Fêtes et « soupers fins » sont autant d'occasions de débauche. Mascarades, parties fines, orgies : sous l'or des lambris et dans la soie des boudoirs, plus de perruques poudrées ni de robes à paniers, ni de révérences, seulement des corps nus, des seins, des cuisses, des fesses, des fouets, des godemichés, des lèvres et des sexes en érection. Appelés en renfort, courtisanes, laquais et chambrières sont conviés à participer aux ébats des grands, à leurs risques et périls, car si les soirées du Régent restent bon enfant, celles qu'organisent ses amis peuvent être plus inquiétantes : ils s'en flattent en se qualifiant de « roués », c'est-à-dire dignes du supplice de la roue. Les voluptés de la Régence font place, sous Louis XV et plus encore sous Louis XVI, à un retour de l'ordre moral, mais les grands du royaume restent toujours au-dessus des lois. Le comte de Charolais (1700-1760), petit-fils du Grand Condé et de Louis XIV, sadien avant l'heure, se désole d'une orgie où le sang ne coulerait pas : les gémissements des jeunes filles que l'on torture sont indispensables à une bonne ambiance, un peu de rouge stimule la frivolité des accouplements, et si par inadvertance un inconnu, passant ou ouvrier, vient à troubler la fête, le comte l'abat lui-même d'un coup de fusil, pour la plus grande joie de ses amis. Un jour, insatisfait au milieu des pires excès, Charolais, saisi du brusque désir de sentir le parfum de chairs brûlées, fait déshabiller une adolescente et la flambe comme un poulet.

Domus Profess. Paris. Societ. Jesu
LES
MILLE & UNE NUIT.
CONTES ARABES.
Traduits en François par Mr GALLAND.
TOME I.

LE SOPHA,
CONTE MORAL,
PREMIERE PARTIE.
CHAPITRE PREMIER.

LES LIAISONS DANGEREUSES,
OU
LETTRES
Recueillies dans une Société, & publiées pour l'instruction de quelques autres.
Par M. C...... DE L...
PREMIERE PARTIE.
A AMSTERDAM;
Et se trouve à PARIS,
Chez DURAND Neveu, Libraire, à la Sagesse, rue Galande.
M. DCC. LXXXII.

Le roman libertin

L'érotisme des Lumières lie son destin à une forme littéraire en plein essor : le roman, un genre « libre » qui s'émancipe de toute contrainte formelle, mais aussi des tabous moraux en donnant naissance au « roman libertin ». Tandis que l'Angleterre savoure *Fanny Hill* et *Clarissa Harlowe*, le genre licencieux s'impose en France avec une suite ininterrompue de textes transgressifs : tout commence en 1731 avec *Manon Lescaut* de l'abbé Prévost, qui raconte les amours d'une jeune prostituée avec le chevalier Des Grieux : le livre est brûlé en place de Grève. Saisissant au vol la vogue orientaliste qui suit l'édition des *Mille et Une Nuits* traduites par Galland (1704), Crébillon fils, dans *Le Sopha* (1740), fait parler un voluptueux canapé indien qui nous dit tout sur les prouesses amoureuses dont il a été l'infatigable témoin : l'auteur est condamné à l'exil. En 1748, Diderot choisit l'anonymat pour ses *Bijoux indiscrets*, fable érotico-orientale inspirée du fabliau médiéval *Le Chevalier qui faisait parler les*

En haut, *Mille et Une Nuits*, par A. Galland (1704), *Le Sopha* de Crébillon fils (édition de 1772), *Les Liaisons dangereuses* de Laclos (édition de 1782).

cons : grâce à un anneau magique, le sultan Mangogul satisfait sa curiosité en écoutant les aventures galantes des dames de sa cour exprimées directement par leur sexe. Derrière la féerie, Diderot met en doute l'existence d'une âme distincte du corps et nous parle des « belles passions de vingt-quatre heures » qui rythment l'amour d'aujourd'hui : « À Londres comme à Paris, on s'aime, on se quitte, on renoue pour se quitter encore. » En 1768, Restif de La Bretonne satisfait les fétichistes avec *Le Pied de Fanchette*, et, l'année suivante, enrichit le lexique français du mot « pornographe », dont il fait le titre de son nouveau récit ; employé dans son sens étymologique (« celui qui écrit sur les prostituées »), le terme ne tarde pas à désigner un auteur spécialisé dans les écrits obscènes. Mais c'est avec *Les Liaisons dangereuses* (1782) de Laclos que le roman libertin atteint son apogée, en faisant de l'intellect l'arme absolue du plaisir : une joute épistolaire qui met aux prises deux stratèges de la séduction – la marquise de Merteuil et Valmont – dans une guerre des sexes, aussi brillante que cruelle, où s'expriment les dernières fulgurances d'une société en pleine décomposition. En 1786, Mirabeau publie *Le Rideau levé ou l'Éducation de Laure*, en 1787-1790, Louvet fait paraître *Les Amours du chevalier de Faublas*... Mais l'Histoire est en train de basculer, et c'est en pleine Révolution que le roman libertin trouve, chez Sade, sa formulation la plus radicale.

Le thème zoophile trouve son maître en peinture : Fragonard prête un regard noyé de désir à sa *Jeune fille aux chiens* qui presse deux jeunes caniches sur ses seins nus. Il persiste avec *La Gimblette* (page de gauche, en bas) : dans les draps épars d'un lit à baldaquin, une jeune fille mutine, jambes levées, tient du bout des pieds un petit chien à qui elle tend, d'une main langoureuse, un alléchant biscuit en forme d'anneau. Gravures et chansons se font l'écho plus direct des mêmes rêveries (ci-dessous, *Le Bidet amusant ou la nécessité contraint la loi* ; ci-contre, *La Moniche, ou la Chatte chérie*).

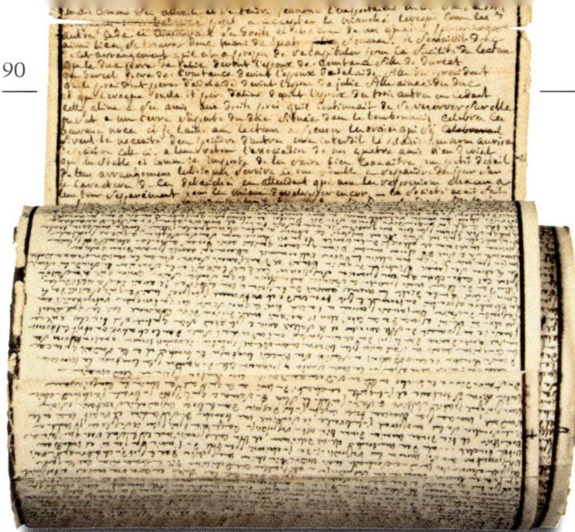

« Ce soir-là, Aline, après avoir été vigoureusement fouettée par les quatre amis et enculée par l'évêque pour la dernière fois, est condamnée à avoir un doigt de chaque membre coupé par chaque ami. [...] Il lui enlève plusieurs morceaux de chair de dessus tout le corps, les fait rôtir, et l'oblige de les manger avec lui. »

Sade, in *Cent Vingt Journées*... [ci-contre, manuscrit]

Justine ou les Malheurs de la Vertu, publié en 1791, est la première étape d'une ambitieuse entreprise romanesque qui voit paraître clandestinement, six ans plus tard, le plus vaste récit pornographique jamais réalisé : *La Nouvelle Justine ou les Malheurs de la vertu, suivie de l'Histoire de Juliette, sa sœur*, au total dix forts volumes illustrés de 101 gravures licencieuses qui vont circuler dans toute l'Europe.

La société dorée pratique le « catéchisme de la débauche ». Le nouvel art de vivre radicalise le « change » baroque en misant sur l'éphémère. Échapper au ridicule du sentiment est le postulat d'où découle un impératif d'une infinie plasticité : ne jamais vivre deux fois le même plaisir, changer, se surprendre : « il n'y a plus que les choses bizarres qui me plaisent » (Laclos).

Le cas Sade

Figure extrême du libertinage athée, Sade fait du plaisir sexuel le mobile légitime de toute action, sans admettre aucune limite aux moyens dont les hommes peuvent user pour satisfaire leurs désirs les plus insensés, y compris le crime de sang, la torture et les pires cruautés : « La véritable sagesse ne consiste pas à réprimer ses vices, parce que les vices constituent presque l'unique bonheur de notre vie, ce serait devenir son bourreau que de les vouloir réprimer. » Sade se borne à prendre au pied de la lettre le culte que son siècle a voulu trop naïvement vouer à la nature : « Tant pis pour les victimes, il en faut. [...] Ce n'est que par les forfaits que la Nature se maintient et reconquiert les droits que lui enlève la vertu. Nous lui obéissons donc en nous livrant au mal » (*Histoire de Juliette*). Mais la lutte sadienne pour une liberté sexuelle intégrale développe

un concept de l'érotisme si radicalement prédateur qu'il devient parfois difficile de distinguer le philosophe athée de la figure glacée du grand féodal, misanthrope et misogyne, féroce et inégalitaire, pour qui l'exercice du plaisir sexuel se confond avec la totale impunité dont jouit le seigneur médiéval. Posture anachronique, car à la différence de la Régence, le règne de Louis XVI, de moins en moins assuré de son bon droit, compense ses incertitudes politiques en pourchassant ceux qui compromettent l'image du régime et l'inégalité des privilèges : on réprime les « débauches outrées », et le Divin Marquis, comme Mirabeau, passe une grande partie de sa vie en prison. Exacerbé par la fureur d'être embastillé, l'imaginaire de Sade atteint son comble dans *Les Cent Vingt Journées de Sodome*, par une surenchère délirante qui devient littéralement vertigineuse. De l'inceste à la pédophilie pratiquée sur de jeunes enfants « enveloppés de taffetas et de gaze », de l'infanticide au plaisir de se « branler sur un cadavre », de la coprophagie généralisée aux mutilations les plus sauvages, de la torture au fer rouge à l'anthropophagie, les fictions meurtrières des *Cent Vingt Journées* explorent les transgressions les plus sombres, avec une systématicité obsessionnelle qui indique à l'évidence un ennemi à abattre.

La radicalité théorique qui garantit à Sade une postérité sans limites était mal connue de son vivant car ses textes les plus extrêmes sont restés inédits jusqu'à la seconde moitié du XXe siècle et censurés jusqu'en 1959. Quant à la notion de « sadisme » qui en dérive, c'est à la fin du XIXe siècle, en 1886, que le médecin allemand Richard von Krafft-Ebing lui donne son sens clinique pour désigner un plaisir sexuel lié à l'exercice de la cruauté, mais le mot était attesté en français avec ce sens depuis 1836. De nos jours, le « sadisme » renvoie aux concepts psychanalytiques de pulsion d'emprise et de perversion agressive où la satisfaction est liée à la souffrance et à l'humiliation infligées à autrui.

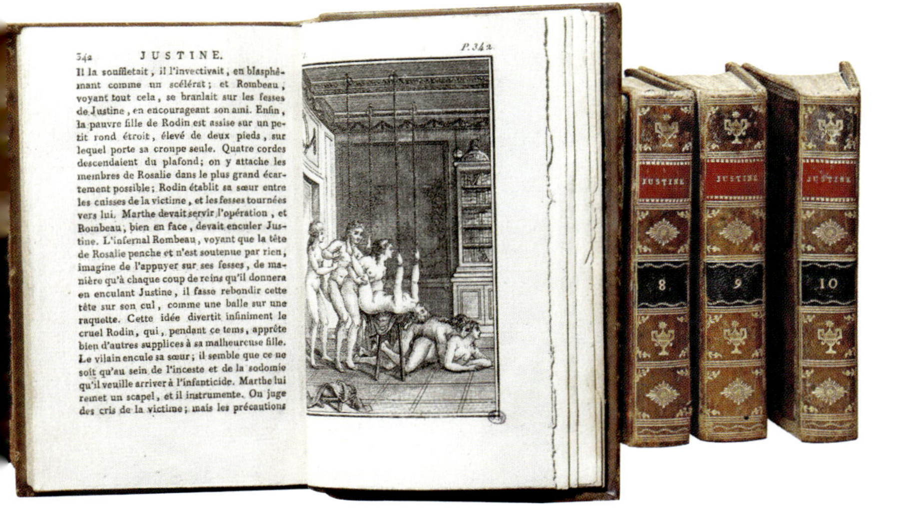

Grotesque et sublime

Cet ennemi est Dieu, la transcendance, et la méthode choisie par Sade pour les détruire est le style religieux lui-même. Au risque de s'y assujettir, le discours sadien se glisse jusqu'au moindre détail, dans les fantasmes extravagants de l'Inquisition, en saisissant les bizarreries les plus improbables des manuels de confession pour les revendiquer comme modèles d'un érotisme sans tabou. Au point de verser parfois dans un comique involontaire qui sent la sacristie. Comment combiner d'un seul mouvement sodomie, inceste et sacrilège? Rien de plus simple: il suffit de se faire « enculer par son fils avec une hostie dans le cul ». Il suffisait d'y penser.

Mais au-delà du grotesque, reste le message indépassable du Divin Marquis: s'il s'agit de suivre la nature, le déchaînement des instincts les plus criminels restera toujours en deçà de son insouciance et de sa cruauté impassible. La nature n'existe que par les crimes qu'elle perpétue; elle détruit inexorablement tout ordre qui ne serait pas conforme à ses vœux.

Plus sédentaire que le tabouret à roulettes (en bas à gauche, par Thomas Rowlandson, 1808) mais mieux adapté qu'un simple divan où l'on risque l'étouffement (ci-dessus, J.-C. Gervaise de La Touche, *Mémoires de Saturnin*, 1786), le fauteuil d'amour était un canapé surélevé, permettant d'honorer de toutes parts celui ou celle qui s'y allongeait: on avait accès, d'un côté à ses fesses et à son sexe, et de l'autre à son visage et à sa bouche. Il existait des modèles réglables en hauteur, à bascule, à deux étages.

Le véritable fonds de la nature, c'est le crime. Le crime est innocent, car il est la vie, en politique et du point de vue social (*Français, encore un effort pour être républicains*) comme dans le domaine de la morale et de la connaissance (*La Philosophie dans le boudoir*).

Bordels, fauteuil d'amour et machine à violer

Trente mille prostituées faisaient de Paris, à la fin du XVIIIe siècle, le bordel le plus raffiné d'Europe. Du salon de la Brissault, maquerelle des snobs, fréquenté par Sade, à celui de la Gourdan, qui parie sur les innovations, des centaines d'établissements rivalisent de luxe et de luxure avec les boudoirs des hôtels particuliers où la bonne société organise ses propres bacchanales : les femmes y viennent nues sous des robes volantes pour manger des huîtres, boire du vin de Champagne, et se faire prendre à quatre pattes sur une ottomane. La ville possède ses quartiers amoureux, comme les galeries du Palais-Royal : propriétés des ducs d'Orléans et à ce titre interdits à la police, les jardins et les arcades du Palais Royal, ouverts au public, deviennent pour longtemps un lieu de rencontres, de liberté sexuelle et de débauche.

Chez la Gourdan, dont les salons étaient fréquentés par le meilleur monde, on trouvait de quoi satisfaire toutes les excentricités : dragées à la cantharide, godemichés, martinets, fouets et verges de roseau pour la flagellation, et dernier cri en matière de technologie : le fauteuil d'amour et la machine à violer.

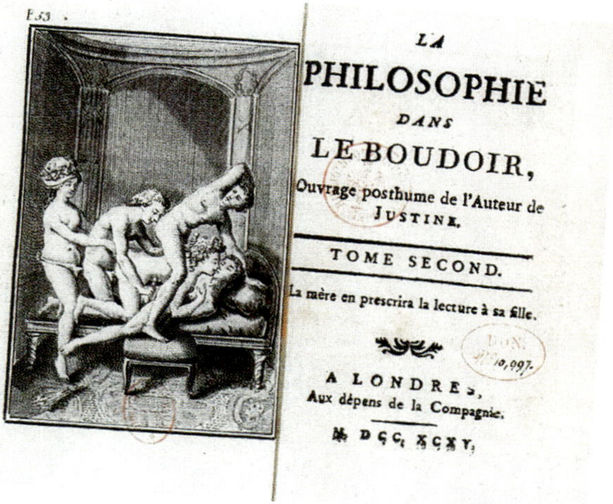
LA PHILOSOPHIE DANS LE BOUDOIR, Ouvrage posthume de l'Auteur de JUSTINE. TOME SECOND. La mère en prescrira la lecture à sa fille. A LONDRES, Aux dépens de la Compagnie. M. DCC. XCXV.

Digne de l'imaginaire sadien (ci-dessous, Sade, *La Philosophie dans le boudoir*, 1795), la « machine à violer » en usage chez la Gourdan était un fauteuil à bascule, muni de fers actionnés par de puissants ressorts où, dès qu'elle s'y trouvait assise, la victime était renversée, pieds et poings liés, genoux écartés, reins surélevés, sans pouvoir opposer la moindre résistance. Le duc de Richelieu, qui en serait l'inventeur, s'en est servi pour posséder une jeune fille du peuple qui s'était refusée à lui : après avoir fait mettre le feu à sa maison pour l'obliger à en sortir, il fit enlever la malheureuse par ses domestiques, qui la lui livrèrent nue, solidement assujettie au fauteuil diabolique.

Cent vingt-deux

À la figure hautaine de Sade, qui fait du libertinage une arme de destruction totale et une véritable éthique naturelle de la cruauté, s'oppose celle de Casanova, qui incarne la forme civilisée d'un nouveau culte du plaisir sexuel conçu comme mode de pensée, art de vivre et vocation existentielle. « Rien de tout ce qui existe n'a jamais exercé sur moi un si fort pouvoir qu'une belle figure de femme » : c'est par cette attraction naturelle pour le beau sexe que Casanova explique dans son autobiographie *Histoire de ma vie* la place centrale que l'érotisme a prise dans son destin. Ecclésiastique, voyageur, espion, violoniste, prisonnier, évadé, joueur professionnel, courtisan, diplomate vénitien, bibliothécaire, usant de multiples pseudonymes et du titre nobiliaire de chevalier de Seingalt qu'il s'était inventé de toutes pièces, Giovanni Giacomo Girolamo Casanova (1725-1798) est resté célèbre comme aventurier et comme écrivain, mais surtout comme l'amant d'un nombre raisonnable de femmes et de jeunes filles en fleur, qui est parvenu à faire de son nom le symbole même de la séduction sexuelle. Bien que souvent associé sous ce rapport à Don Juan, Casanova s'en distingue radicalement : si l'érotisme du premier anticipe sur le code libertin le plus strict par son abstraction et son indifférence à l'égard de ses victimes, Casanova se préoccupe surtout de ne rater aucune occasion de plaisir et annonce la figure du *Latin lover*, fier de ses performances physiques, soucieux de connaître et de partager avec ses maîtresses ce que la vie a

“Quel éclat de rire de Léonilde voyant sa mère entre mes bras ! [...] elle se déshabille entièrement, et se couche près d'elle, disant qu'en qualité de père, je devais être maître de voir tout mon ouvrage [...] La curiosité de Léonilde me ravissait l'âme. – C'est donc comme cela que tu as fait, il y a dix-huit ans, quand tu m'as engendrée ? [...] regarde-moi et baise maman.”

Casanova, *Histoire de ma vie*

de plus surprenant et agréable à offrir. Tandis que Don Juan manipule dans l'ombre, Casanova séduit en pleine lumière. Usant aussi volontiers de charme et de générosité que de ruse et de mensonge pour faire succomber ses conquêtes les plus farouches, il confesse avoir eu des relations sexuelles avec cent vingt-deux femmes, dont sa propre fille Léonilde (mais seulement après qu'elle se fut mariée !). Son autobiographie, foisonnante de récits à tiroirs, forme le portrait d'un personnage imprévisible, jouisseur et exubérant, qui met toute son intelligence au service de ses désirs et ne connaît d'autre règle morale que sa satisfaction, pourvu qu'elle soit partagée. Casanova ne cache pas plus ses faiblesses que ses traits de génie et conclut : « Rien ne pourra faire que je ne me sois amusé. »

❝Déterminés à ne pas consommer le prétendu crime, nous le touchâmes de si près qu'un mouvement presque involontaire nous força à le consommer [...] ma fille, assise près de moi, m'appela son mari [...] et un ange même qui serait alors venu nous dire que nous avions monstrueusement outragé la nature nous aurait fait rire.❞

Casanova, *Histoire de ma vie*
[ci-dessus, *Le Verrou*, de Fragonard, 1784]

Érotique rime avec politique. Si *La Princesse de Babylone* de Voltaire (ci-contre, illustration de Charles Monnet, gravée par Dambrun, 1772) s'inspire des *Mille et Une Nuits* pour mêler fable, désir et critique de la société, Fougeret de Montbron, dans *Margot la Ravaudeuse* (ci-dessous, reliure historiée), choisit le Paris contemporain pour raconter comment financiers, magistrats, ecclésiastiques assurent l'ascension sociale d'une irrésistible fille de joie.

Voluptés de papier

En Europe, les développements de l'édition et les performances de la gravure sur métal se traduisent par un succès sans précédent de l'illustration érotique qui associe la puissance de l'image à la transgression des mots. Tandis que la « manière noire » permet aux artistes d'atteindre à un réalisme qui semble préfigurer la photographie elle-même, une multitude d'œuvres dues à des « anonymes » (*L'Accouplement magnifique*) ou à des illustrateurs identifiés, comme Voyez-Majon (*Les Amusements dangereux*), Charles Monnet (*Pénitentes flagellées*) ou Antoine Borel, inaugure un nouvel âge de la culture érotique : celui de la diffusion en nombre, qui sera désormais le cauchemar de la censure.

Au même moment, en Extrême-Orient, alors que la Chine savoure le *Classique de la fille simple*, s'ouvre au Japon l'ère des *ukiyo-e* (« images du monde flottant ») et des grands maîtres de l'art érotique. En utilisant la technique de l'estampage sur papier, la culture japonaise

connaît, comme l'Occident, un âge d'or de l'illustration qui se donne le plaisir et le corps féminin pour objets privilégiés de représentation. Hokusai, Shunsho, Harunobu atteignent les sommets d'un art qui combine une extrême pureté des lignes au réalisme le plus cru pour explorer tous les aspects de l'imaginaire sexuel et amoureux : couples, trios, orgies, zoophilie, scénarios sadomasochistes, l'estampe japonaise ne se refuse aucune curiosité, avec une prédilection marquée pour les gros plans sur les organes du plaisir et les grâces de l'homosexualité féminine. D'abord monochrome, la technique se dote progressivement de la couleur pour complexifier ses effets, sans renoncer à cette universelle suspension des formes qui confère à ces images la gracieuse légèreté du « monde flottant ». En se risquant à l'obscénité la plus directe et aux fantasmagories amoureuses les plus insensées, l'estampe japonaise, imperméable à l'idée de faute, offre l'image d'un art capable d'explorer tous les possibles de l'érotisme sans douter de sa parfaite innocence.

C'est de 1761 que date au Japon la tradition toujours vivante de la geisha, à la fois hôtesse et artiste, experte en littérature et en musique, maîtresse de tous les plaisirs. À l'époque où l'art naissant des *ukiyo-e* s'enrichissait de ses plus belles images érotiques (ci-dessus, Kitagawa Utamaro, *Couple amoureux*, 1789), on recensait près de sept mille *yujo* (courtisanes) dans le quartier fermé de Yoshiwara – la « Cité sans nuit » –, entièrement consacré au plaisir des *tsujin*, les amateurs des arts de jouir.

Révolutions politiques et industrielles précipitent l'érotisme dans l'ère de mutations techniques et sociales. Ses moyens d'expression se développent, mais au prix d'une répression sauvage. Sujet d'obsession autant que de répulsion, le désir vit sous la menace du juge et du confessionnal, du corps médical et du qu'en-dira-t-on. Face à un ordre moral qui assigne le plaisir à résidence dans la vénalité des maisons closes, Éros se fait bohème, artiste, rebelle et voyageur.

CHAPITRE 5

ÉROS MODERNE

Tandis que l'art se complaît dans la transgression (ci-contre, Gustave Courbet, *Le Sommeil*, 1866), la photographie, qui cherche à imiter la peinture, révolutionne la représentation par le réalisme radical d'une image chimique reproductible à l'infini (page de gauche, Auguste Belloc, *Femme nue allongée sur un canapé*, vers 1850, daguerréotype).

Éros révolutionnaire

La Révolution abolit la censure de l'Ancien Régime, mais regarde avec méfiance les excès du plaisir, où elle voit la marque d'une aristocratie corrompue. On entend y opposer une morale naturelle et antique, aussi rustique qu'intransigeante, sous l'œil ombrageux d'un Être suprême plutôt spartiate qui n'apprécie pas la gaudriole. Sans grand succès, car la patrie est en danger – les forces de l'ordre ont d'autres chats à fouetter que de pourchasser les luxurieux – et le cœur n'y est plus : la mise au pas du clergé et la lutte contre les superstitions religieuses ont porté un coup fatal à la crainte des interdits. Une fois passés les risques d'invasions étrangères, le puritanisme du gouvernement de salut public cède la place à un sursaut collectif de décompensations érotiques qui atteint des records d'impudicité avec le Directoire et l'exhibitionnisme des merveilleuses : les femmes sortent seins nus, sous un voile de mousseline, en tuniques largement fendues à l'antique, ou vêtues de tulle et de gaze si transparents qu'aucune partie du corps n'échappe aux regards.

À l'usage des amateurs (en haut, *Les Prostituées du Palais-Royal*, gravure de Fortier, d'après un dessin de Derais, début du XIXe siècle), les libraires font commerce de guides indiquant les tarifs, adresses et spécialités des lieux de plaisir (ci-dessous, *Dictionnaire des nymphes du Palais-Royal*, 1826).

Feu sur la morale bourgeoise !

L'Empire met fin à ces débordements et fixe les acquis de la Révolution au bénéfice d'une classe sociale, la bourgeoisie, dont la morale s'institutionnalise en termes juridiques dans des Codes (civil, 1804; pénal, 1810) : « l'outrage à la religion et aux bonnes mœurs » sera désormais l'arme d'un combat rigoureux contre toute audace. Livres licencieux et images obscènes sont emprisonnés dans l'« Enfer » des bibliothèques. Pudeur, chasteté et bons sentiments sont de règle. Étriqué, misogyne et moralisateur, impitoyable pour les marginaux, féroce envers les femmes, ce siècle bourgeois fait peser sur les mœurs une éthique de l'intolérance. Le devoir conjugal se pratique dans le noir, en trois minutes et en chemise de nuit – il faut se montrer à la messe le dimanche, et rester en toute chose à l'abri du qu'en-dira-t-on. Condamnée à une hypocrisie généralisée, la société dissimule ses « turpitudes » sous les dehors d'une moralité intransigeante, tout en vouant secrètement un culte obsessionnel à la débauche. C'est l'âge d'or de la prostitution, des maisons closes et des demi-mondaines. Grisettes, lorettes et filles légères deviennent les héroïnes des feuilletonistes, les modèles des peintres et des sculpteurs, et les maîtresses, aussi vénales que secrètes, d'hommes mariés frustrés par une vie conjugale réduite à de pures conventions. Épouse et mère, soumise à son époux, la femme « comme il faut » vit l'enfer d'un quotidien monotone et carcéral.

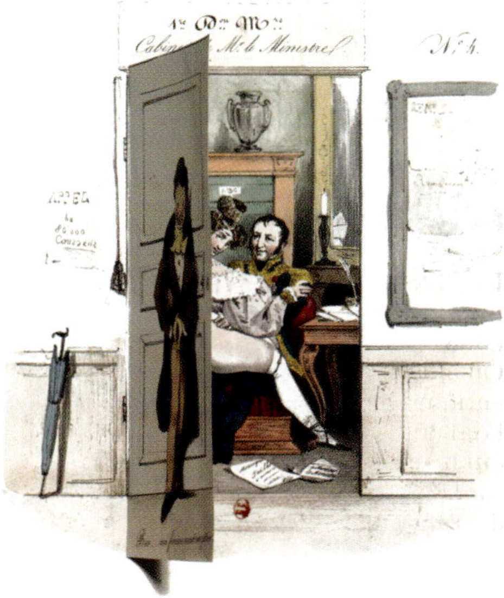

« Veuillez patienter, M. l'Administrateur est occupé ! » (ci-dessous, planche animée de *Portes et fenêtres*, vers 1820). Ouvrons la porte. « Zulmé soupire. [...] D'Arnance ne contient qu'à peine les feux dont il est dévoré [...] ses yeux, ses mains, sa bouche se portent alternativement et voudraient se porter ensemble sur cette bouche entrouverte, sur ce sein palpitant, sur ce mont embrasé que Vénus voulut honorer de son nom. Il ne peut déjà plus s'arracher à ce lieu de délices; il y concentre ses baisers, ses soupirs, et l'aiguillon mobile d'une langue voluptueuse en interroge les plus secrets réduits (V.J.E de Jouy, *Zulmé*, 1799).

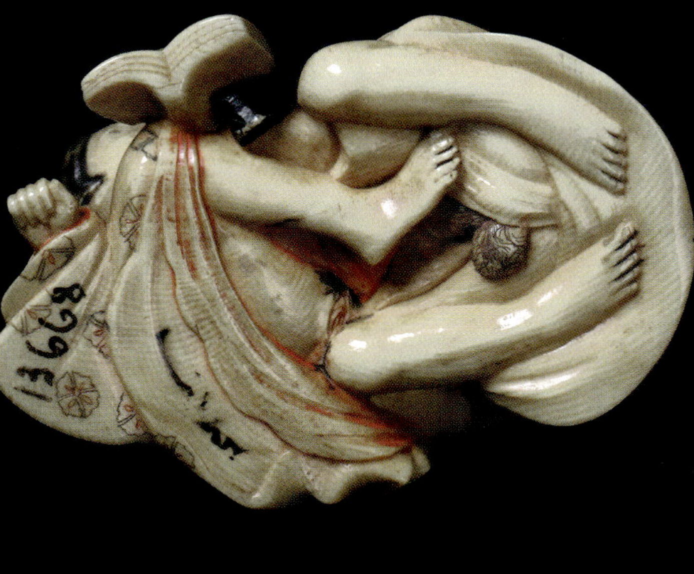

Au Japon (à gauche, « Coït discret », ivoire, XIXe siècle) comme en France (ci-contre, boîte avec scène animée de cocufiage, vers 1835), l'érotisme joue à cache-cache avec les évidences. Il faut aussi savoir lire entre les lignes…

« **Je suis très émue de vous dire que j'ai** bien compris l'autre soir que vous aviez toujours **une envie folle de me faire** danser. Je garde le souvenir de votre **baiser et je voudrais bien** que ce soit là une preuve que je puisse **être aimée par vous. Je suis prête à vous montrer mon** affection toute désintéressée et sans cal**cul, et si vous voulez me voir aussi** vous dévoiler sans artifice mon âme **toute nue, venez me faire une visite.** Nous causerons en amis, franchement. **Je vous prouverai que je suis la femme** sincère, capable de vous offrir l'affection **la plus profonde comme la plus étroite** amitié, en un mot **que vous puissiez rêver, puisque votre** âme est libre. Pensez que la solitude où j'ha**bite est bien longue, bien dure et souvent** difficile. Ainsi en y songeant j'ai l'âme **grosse. Accourez donc vite et venez me la** faire oublier par l'amour où je veux me **mettre.** »

George Sand
à Alfred de Musset

Par réaction, l'art romantique devient féministe, antibourgeois et surenchérit dans l'immoralité. Écrit clandestinement à deux mains, dit-on, par George Sand et Musset, les idoles de la génération, *Gamiani* ajoute à l'éloge des excès érotiques le supplément d'âme de scènes explicitement zoophiles. L'œuvre de Sade, qui circule sous le manteau, devient une référence obligée. L'Angleterre victorienne connaît les mêmes rigueurs et les mêmes réactions, dans une atmosphère étouffante d'ordre moral que seule réussit à dépasser la jeune démocratie américaine engagée, quant à elle, dans la voie radicale du puritanisme et de la chasse aux sorcières.

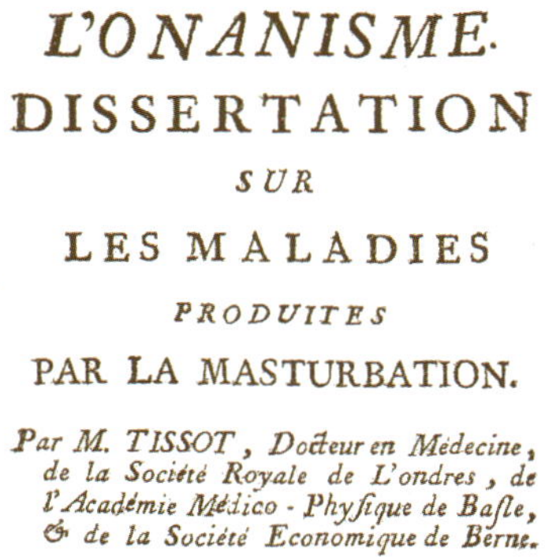
L'ONANISME.
DISSERTATION
SUR
LES MALADIES
PRODUITES
PAR LA MASTURBATION.
Par M. TISSOT, Docteur en Médecine, de la Société Royale de Londres, de l'Académie Médico-Physique de Basle, & de la Société Economique de Berne.

Sus à la masturbation

Malgré le retour en force du catholicisme sous la Restauration, le péché en France n'est pas sorti indemne des campagnes anti-religieuses de la Révolution. La science prend le relais avec un discours hygiéniste qui promet dès ici-bas un enfer immédiat aux contrevenants, à commencer par les adeptes des plaisirs solitaires. Publié en 1760, et sans cesse réédité jusqu'en 1905, *L'Onanisme*, du médecin helvétique Tissot, dresse un bilan terrible des risques encourus par le masturbateur, promis à une perte rapide de toutes ses forces vitales et à une mort lente et douloureuse. En 1825, le docteur Rozier y ajoute la surdité et l'imbécillité précoces, ainsi qu'une évolution certaine vers la paralysie générale. Pour les mauvais sujets, les ordonnances

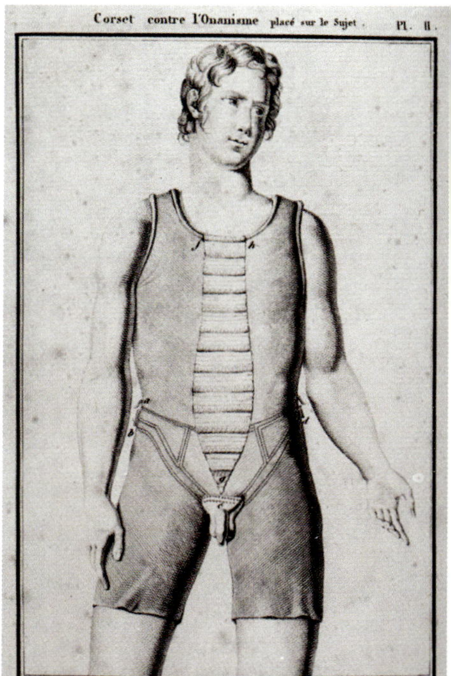

de 1827 stipulent le renvoi immédiat de l'internat, la prescription d'un corset, et en cas de récidive, le professeur Lallemand exige la cautérisation prostatique au nitrate d'argent pour les garçons et l'excision pour les filles. Culpabilisées par la moindre pollution nocturne, affolées par la plus légère caresse autoérotique, des générations de jeunes gens, totalement traumatisés, se précipitent au bordel pour y contracter la syphilis ou se réfugient dans l'irréalité angélique des rêves et des clichés romantiques, aussi purs que propices à la névrose imaginaire compensatoire.

Érotisme des confins

Avec *La Maja nue* (1805) de Goya, le siècle s'ouvre sur une œuvre qui associe érotisme et rupture formelle d'une manière qui préfigure avec force les débats qui vont animer l'histoire de l'art jusqu'à aujourd'hui. Mais, pour l'heure, l'Espagne devient avec les romantiques la première étape vers un Orient rêvé où s'exacerbe un nouvel idéal érotique dont Ingres formule la puissance hypnotique dans

Et pourquoi ne pas faire l'amour avec la personne que vous aimez le plus au monde ? (ci-dessus, études sur la masturbation, Mihály von Zichy, *Love*, 1901). Obsédé par le livre de S. A. Tissot (page de gauche, en haut), H. F. Amiel note dans son *Journal*, le 13 juin 1842 : « Avant tout il faut vivre, c'est-à-dire arrêter ces pertes ; une seule émission, selon Tissot, équivaut à quatre onces de sang. Ma veine est donc ouverte ; ne pas faire d'efforts, laisser aller, ce serait un suicide. » Du courage, sinon !... c'est le corset préventif prescrit par J. B. J. Thillaye, en 1815 (page de gauche, en bas).

La Grande Odalisque et *Le Bain turc* et dont Delacroix explore les douloureux fantasmes avec *La Mort de Sardanapale* et la douceur quotidienne avec les *Femmes d'Alger*. Tandis que les canonnières anglaises et françaises assiègent l'Afrique du Nord et le Moyen-Orient, les écrivains et les peintres multiplient les *Voyages*, en popularisant le mythe troublant de la « femme orientale » à la peau cuivrée et aux brûlantes prunelles de nuit. La mode féminine en Europe se range immédiatement aux exigences d'un érotisme « à l'orientale » nourri d'imaginaire colonial, tandis que Flaubert, anticolonialiste, rapporte d'Égypte le fantasme d'un érotisme « inassouvissable ».

C'est dans la seconde moitié du siècle que l'Occident découvre l'Extrême-Orient, le tantrisme et la sexualité onirique de la mythologie indienne, le réalisme abstrait de l'estampe japonaise, la suspension du désir dans le monde flottant, le rituel des geishas et les subtiles traditions

Le sexe envahit l'art (en haut, *Les Diableries érotiques*, vers 1835). Achevé par Ingres en 1863 à l'âge de 83 ans, *Le Bain turc* (ci-dessous) est réalisé sans le moindre modèle, mais, dit-il, « avec tout le feu d'un homme de trente ans ».

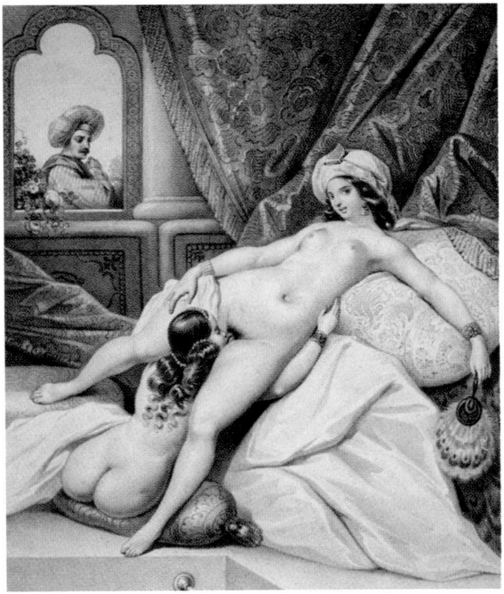

amoureuses du Japon, de l'Asie du Sud-Est et de la Chine : un univers ultra-codé, radicalement étranger aux canons esthétiques occidentaux comme aux interdits moraux du monothéisme, dans lequel la fin du siècle trouvera une nouvelle inspiration, avant de s'envoler vers d'autres horizons. Les toiles et les textes de Gauguin révéleront les rivages paradisiaques des îles du Pacifique : on découvre avec stupéfaction la liberté de mœurs des Tahitiennes, le rêve praticable d'un éden polygame où l'artiste s'est construit une demeure au nom éloquent : la « maison du Jouir ».

Comme Dominique Vivant Denon qui, graveur, archéologue, voyageur et directeur du Louvre, s'était aussi consacré au libertinage avec le livre *Point de lendemain*, d'autres grands noms du XIXe siècle ont enrichi la culture érotique sans en être « spécialistes ». C'est le cas d'Achille Devéria (voyageur, directeur des estampes, conservateur au Louvre) qui a laissé une multitude de gravures libertines. Et de son frère Eugène, grand peintre d'histoire, dont l'œuvre compte plusieurs lithographies coquines comme *Le Harem* (en haut), où il révèle l'intimité de la « Sultane », la jolie créole qu'il avait épousée.

Photo et pornographie

Le XIXe siècle pressent très vite que son avenir moral va se jouer sur la prolifération des images : « À force d'arrêter vos regards sur des images obscènes, le cœur finit par se gâter, la pudeur ne combat plus et cesse de s'effaroucher. Enhardis vous-mêmes par les maximes infâmes de vos livres, vous secouez le joug, vous vous abandonnez à l'empire des sens ; rien ne vous arrête, vous n'avez plus d'autre frein qu'un instinct brutal, d'autre règle que vos désirs, d'autre occupation que d'assouvir vos passions » (J.-B. Massillon, *Discours inédits sur le danger des mauvaises lectures*, 1817). La lithographie s'ajoute à la gravure pour multiplier les images érotiques auxquelles se consacrent avec passion les meilleurs artistes du temps, comme Devéria. Pourtant, dans ce siècle de révolution industrielle, le véritable choc dans l'histoire des représentations ne va pas venir de l'art, mais de la technique. Entre 1830 et 1850, l'invention et le rapide développement du procédé photographique permettent pour la première fois une reproduction automatique du visible par une machine optique associée à un processus chimique. Eurêka ! On essaie aussitôt la technique sur des images de nus et des scènes érotiques : le résultat est fascinant.

Coïncidence révélatrice : au moment même où naissent les mots « photographie » (1834) et « photographique » (1839), deux autres termes font leur apparition dans le lexique : l'adjectif « pornographique » (1832), et le nom « pornographie » (1840), d'abord pour stigmatiser ce qui outrage les bonnes mœurs, puis, dès 1850-1870, pour désigner la représentation sexuelle que l'on donne à voir ou à imaginer (à travers des textes, des images ou des spectacles) « sans préoccupation artistique » et avec l'intention délibérée de provoquer l'excitation du public. Plus de doute : l'érotisme possède un double vulgaire et sans scrupule, qui parie sur le réalisme le plus brutal et sur les instincts du plus grand nombre, pour briser l'alliance millénaire d'Éros avec l'élitisme du bon goût et des privilèges.

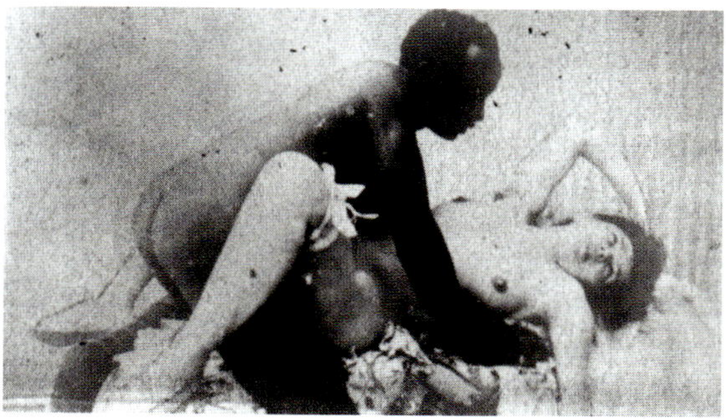

Si cette belle retroussée (en haut, par A. Belloc, vers 1860) reste dans l'esprit de Fragonard, les nus des premiers photographes se partagent entre une pose académique imitée d'Ingres et un réalisme agressif qui multiplie les gros plans obscènes et les images de copulation (ci-dessus, anonyme, vers 1895) : par la photo, la représentation passe de l'érotisme à la pornographie.

Auguste Belloc

D'abord artisanale avec le daguerréotype, la reproduction photographique change d'échelle en passant du négatif en cuivre à la plaque de verre : on peut désormais produire des images sur papier, sans limite de nombre, selon une procédure rapide, bon marché et industrielle. L'érotisme est en train d'entrer dans l'ère de la culture de masse. À partir des années 1850, la mise au point du procédé stéréoscopique ajoute encore au réalisme par la vision du relief, et au voyeurisme par l'effet « trou de serrure » de la visionneuse à travers laquelle se

découvrent de vertigineuses intimités féminines : « des milliers d'yeux avides se penchent sur les trous du stéréoscope comme sur les lucarnes de l'infini », écrit Baudelaire en 1859. En décembre 1856, le photographe Auguste Belloc, spécialiste des nus stéréoscopiques, est signalé à la police comme se livrant au commerce des obscénités. En 1860, il est emprisonné et cinq mille clichés licencieux sont saisis à son domicile parisien. Six ans plus tard, quand le lot saisi est déposé à la Bibliothèque impériale, on ne compte plus que 195 clichés... (conservés aujourd'hui au Cabinet des estampes de la BnF). Plus modeste, mais plus facile à diffuser, le cliché érotique contrecollé sur carton, se vend à la sauvette, en arrière-boutique et dans les maisons closes. Il en coûte entre un mois et un an de prison si l'on se fait prendre.

On peut être ému par la liberté qui s'exprime dans cette mosaïque qui décline trente-deux positions amoureuses destinées à la vente de grands formats (en bas, vers 1855-1865), ou par cette étreinte entre un Noir et une jeune fille blanche (page de gauche, en bas). Mais, en 1862, indignés surtout par la concurrence, Ingres et vingt-six autres artistes lancent une pétition contre « toute assimilation photographique à l'art ». Ce qui n'empêche pas Delacroix (dès 1854), Daumier, Degas et Rodin de l'utiliser pour leur propre travail. Dans un siècle qui fait du sexe un objet de dissimulation (double page suivante), la photo introduit le paradoxe d'une révélation inouïe qui bouleverse l'imaginaire de l'érotisme et des arts visuels.

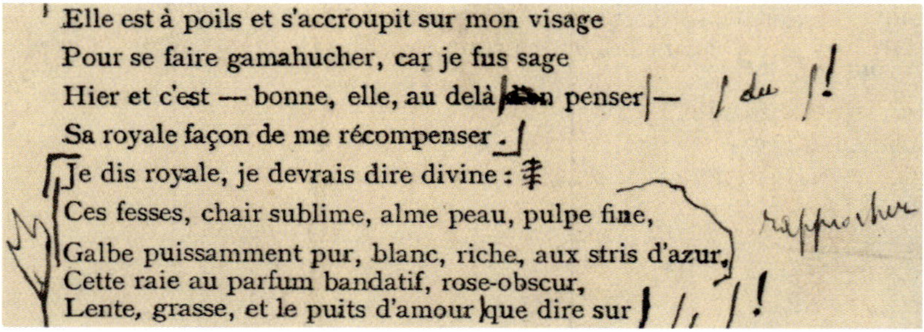
Elle est à poils et s'accroupit sur mon visage
Pour se faire gamahucher, car je fus sage
Hier et c'est — bonne, elle, au delà [illegible] penser —
Sa royale façon de me récompenser.
Je dis royale, je devrais dire divine :
Ces fesses, chair sublime, alme peau, pulpe fine,
Galbe puissamment pur, blanc, riche, aux stris d'azur,
Cette raie au parfum bandatif, rose-obscur,
Lente, grasse, et le puits d'amour que dire sur

Bienheureuse censure

La photo force la représentation à se redéfinir par une réflexion sur ses propres moyens. En littérature comme en peinture, le réalisme devient une affaire de style et de sujet plus qu'un problème de *mimêsis*, et l'originalité désormais prend le sens de la rupture et de la transgression : art et érotisme se retrouvent du même côté de la barricade. Tandis que l'artiste acquiert une nouvelle autonomie et qu'une « religion de l'art » tend à se substituer au sacré religieux, l'érotisme offre aux créateurs ses thématiques dissidentes, en déchaînant une censure policière qui, grâce au développement de la presse, se transforme vite en publicité : les procès de 1857 contre *Madame Bovary* et *Les Fleurs du mal* offrent à Flaubert et Baudelaire une célébrité immédiate et définitive.

Phénomène analogue en art : par le violent rejet dont sont victimes *Le Déjeuner sur l'herbe* et l'*Olympia* de Manet, le « Salon des refusés » des années 1860 devient le centre vivant de la nouvelle peinture, et l'érotisme se trouve projeté pour longtemps au cœur des débats qui précipitent l'esthétique picturale dans la modernité. *Le Déjeuner sur l'herbe* choque : deux hommes habillés et deux femmes nues, c'est une partie carrée. Sauf qu'il s'agit surtout d'une reprise du *Concert champêtre* attribué au jeune Titien ou à

Contre l'ordre moral bourgeois du Second Empire et de la IIIe République, les peintres (ci-dessous, Manet, *Le Déjeuner sur l'herbe*, 1863 ; page de droite, Courbet, *L'Origine du monde*, 1866) comme les poètes (ci-dessus, Verlaine, *Hommage dû*, épreuve corrigée, 1890) jouent la provocation : tandis que se confirme le déclin des spiritualités, une nouvelle religion, celle de l'art, combine érotisme et pornographie pour faire du désir l'expression même de l'individu et de l'originalité.

Giorgione. « L'Olympia faisandée de monsieur Manet » (Saint-Victor) choque : c'est un « gorille femelle », un « grotesque en caoutchouc cerné de noir », « un cadavre exposé à la morgue ». Zola a beau défendre bec et ongles son ami Manet, l'affaire est tranchée : il en saura lui-même quelque chose quand il publiera *Nana* en 1882.

L'Origine du monde

L'œuvre choc de Courbet *L'Origine du monde* était une commande de Khalil bey, riche diplomate turc, qui s'est empressé de l'enfouir dans le secret de ses appartements, à côté du *Bain turc* d'Ingres. Que serait-il advenu si le tableau avait été présenté au public, comme il l'est aujourd'hui au musée d'Orsay ? Plus réaliste par ses couleurs que les clichés de Belloc, l'œuvre rivalise avec la photographie au point de s'effacer comme peinture devant la puissance de sa représentation : réalisée avec une précision qui subjugue l'esprit, la toile est l'image d'un sexe féminin vu en gros plan, dans une proximité qui évoque l'imminence d'un rapport sexuel ou d'un cunnilingus.

Plaçant le spectateur dans la position ambivalente de l'amant qui s'avance vers sa bien-aimée ou dans celle du voyeur qui observe une belle endormie, le champ visuel de *L'Origine du monde* (ci-contre) se rétrécit aux signes de la féminité (seins, cuisses, ventre, sexe) et l'œil est magnétisé par la profondeur nocturne d'un pubis à la pilosité brune. Mais la petite histoire est formelle : la jeune fille qui a pris secrètement la pose pour Courbet, Joanna Hifferman, amie et modèle du peintre Whistler, était au naturel tout à fait rousse. Le subterfuge n'a pas suffi à éviter une brouille définitive entre les deux artistes.

Après l'avoir acquise en 1955, le psychanalyste Jacques Lacan a fait enfermer la toile dans un cadre au couvercle peint par André Masson, pour transformer les présentations du sulfureux tableau en véritables épiphanies pour happy few. Il est vrai que l'image apportait un joyeux démenti à la thèse freudienne selon laquelle les organes sexuels, foncièrement inesthétiques, seraient un tabou pour l'art. Le jeune Freud, né comme Madame Bovary en 1856, était en pleine période de latence quand Courbet achevait sa toile en 1866.

Oies blanches et french cancan

Sous les cristaux des salons ou les lampions des guinguettes, on danse : la polka, et surtout la valse. Pour la première fois, on peut se serrer de près en public, on sent le corps de son partenaire, les jambes se croisent, c'est indécent et ça tourne. Emma Bovary s'en était évanouie, maintenant on en profite pour « flirter ». Le mot vient de l'anglais, qui l'a lui-même emprunté à l'ancien français « fleureter », qui voulait dire « conter fleurette ». Le flirt désigne une nouvelle liberté des mœurs : une relation amoureuse dénuée de sentiments profonds, passagère, sans conséquence, mais qui peut conduire aux préliminaires les plus intimes, ou à plus si la belle, comme Marion, dans le *Rolla* de Gervex, finit par céder moyennant un petit cadeau.

Aucun rapport avec les filles de bonne famille qui arrivent au mariage vierges et ignorantes de toute chose sexuelle. Le siècle invente une expression éloquente pour les nommer : les « oies blanches ». Tant pis pour elles si, comme dans *Une vie* de Maupassant, la nuit de noces se transforme en cauchemar, c'est la rançon d'une vraie moralité : le plaisir féminin est une affaire de nymphomane ou d'hystérique, il serait déplacé chez une femme normale, surtout depuis que la médecine a percé les secrets de l'ovulation, et possède la certitude qu'il n'existe aucune relation entre orgasme et fécondation.

Une fois les enfants nés, l'épouse occupée à tenir son foyer, le mari peut aller à la rencontre d'une autre

Ouvrages Recommandés

5020. Adresses de tous les **BORDELS** de France, d'Algérie, de Tunisie, de Belgique, d'Italie, de Suisse, de Hollande. — Cet annuaire est indispensable à tous les amis du plaisir et des voluptés savantes qui, en voyageant, veulent connaître les adresses des Maisons ou les *Lits sont garnis*. Prix : 5 fr.

4001. Les Prostituées Mondaines, par Caïn d'Abel. 2 vol. in-8. 30 »

Immolée sur l'autel de l'affairisme (en bas, V. V. Poukirev, *Le Mariage arrangé*, 1862), la jeune oie blanche sacrifie sa virginité au plus offrant. Elle réservera ses faveurs à ses amants, en abandonnant son mari aux amours vénales (ci-contre, catalogue des maisons closes, vers 1890). À ce « cocuage » généralisé, Charles Fourier oppose la voie du féminisme – « le bonheur de l'homme, en amour, se proportionne à la liberté dont jouissent les femmes » – et de l'hédonisme – « le bonheur consiste à avoir beaucoup de passions et beaucoup de moyens de les satisfaire » (*Théorie des quatre mouvements*, 1808).

figure, nocturne et spectaculaire, de la féminité : la danseuse, l'actrice, la vedette de « music-hall ». Le french cancan fait salle comble, des théâtres se spécialisent dans les « tableaux vivants » suggestifs, et dans les « cabarets » où l'on vient s'encanailler, les scènes dénudées se multiplient au point d'inspirer à Toulouse-Lautrec une nouvelle vision érotique du corps féminin, tout en mouvement et transformé en spectacle public, comme sur la scène des Folies-Bergère et du Moulin-Rouge.

Rolla de Gervex (ci-dessus, 1878) illustre un poème de Musset (1833) dont le héros ruiné va se défenestrer : « Marion coûtait cher. Pour lui payer sa nuit / Il avait dépensé sa dernière pistole. / [...] il alla s'appuyer au bord de la fenêtre. » Refusé pour indécence au Salon de 1878, la toile est impressionniste par son éblouissante gamme de blancs, le flou du boulevard et le nu sans alibi antique, mais aussi académique par sa source littéraire et le poli de sa chair féminine : l'érotisme n'est plus synonyme d'innovation formelle.

Temples de la luxure

Dans les maisons closes qui, succès aidant, se sont transformées en véritables « temples » des perversions et de la lubricité, on se « rince l'œil » devant des spectacles plus relevés : jeunes filles intégralement nues se livrant au saphisme sur un tapis de velours noir, flagellations, bestialité. Mais on peut surtout, parfois au milieu du luxe le plus

insensé, s'adonner soi-même à tous ses fantasmes : violer une religieuse, se soumettre à une Chinoise ou uriner sur une naine, se faire prendre par une fille harnachée d'une verge artificielle, subir les caresses des nouveaux appareils à électrisation locale, ou même, comble de perversion, aimer une prostituée qui s'est déguisée en sosie de l'épouse au foyer...

Mais cette prostitution de luxe, presque substitutive, ne s'adresse bien sûr qu'à une minorité. Les employés, les étudiants, les célibataires sans fortune restent condamnés aux maisons de passe borgnes, à cet « égout séminal » que Parent-Duchâtelet décrivait en termes peu flatteurs : « Les prostituées sont aussi inévitables, dans une agglomération d'hommes, que les égouts, les voiries et les dépôts d'immondices. » Pour les hygiénistes, nul doute que ce mal nécessaire soit le vecteur d'un fléau biologique qui ressemble

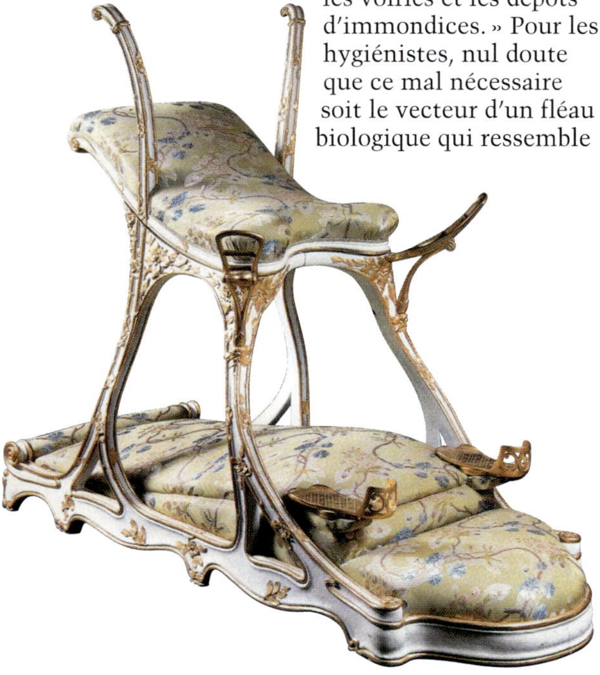

Par leur technique comme par les « choses vues » dont ils offrent l'image, plus expressive que celle des photographes, les monotypes de Degas constituent un témoignage sans égal sur l'atmosphère fin de siècle des bordels parisiens (ci-dessus, *La Fête de la patronne*, 1878-1879). Âge d'or des maisons closes, où les enrichis du capitalisme industriel savourent le luxe clinquant de véritables « temples de la perversion », le XIXe siècle matérialise à son usage les fantasmes du siècle précédent : sur le modèle des fauteuils d'amour libertins, on confectionne des sièges à étrier pour lubricités collectives, tel le « siège d'amour » réalisé en 1890, par Soubrier (ci-contre), pour le futur Édouard VII, prince de Galles, et installé dans une célèbre maison close située à deux pas de la Bibliothèque nationale, le Grand Chabanais.

Ne croirait-on pas reconnaître Toulouse-Lautrec sur cette troublante photographie anonyme ? À moins qu'il ne s'agisse d'Henri Cantel (1825-1878), le poète des voluptés visuelles…

« Mon œil, toucher lointain, plein de flamme et d'extase, / Soulève le velours, perce les plis de gaze, […] / Pour baiser au grand jour la beauté toute nue. / J'ouvre l'écrin vivant de tes secrets bijoux ; / Mes doigts semblent palper ta cuisse, tes genoux, / Et jusqu'au clitoris ma langue s'insinue. »

Henri Cantel

à une vengeance divine : la syphilis, dont on commence à comprendre la pathologie et les ravages sur le psychisme, mais contre laquelle on ne connaît que le traitement au mercure, et qui restera mortelle jusqu'en 1945.

Déviances et perversions

Médecins et savants s'interrogent aussi sur l'univers polymorphe des perversions sexuelles, qui ne cesse de s'élargir. Après le « sadisme » du Divin Marquis, le chevalier von Sacher-Masoch (1836-1895), avec la *Vénus à la fourrure* (1870), donne son patronyme au « masochisme » n décrivant le plaisir qu'il éprouve à être réduit en esclavage, ligoté, fouetté, piétiné et humilié par de grandes femmes drapées d'hermine, aussi belles que froides et cruelles. En 1885, Krafft-Ebing cherche à tirer un bilan raisonné de toutes ces anomalies dans un ouvrage qui devient vite célèbre, la *Psychopathia sexualis*, où les formes de déviances les plus improbables se trouvent pour la première fois considérées avec le regard réaliste, mais nullement impartial, de la science positiviste. Parmi les « perversions », l'homosexualité masculine reste partout considérée comme l'une des plus abjectes.

Friand de perversions, le tournant du siècle fait un succès aux nouvelles déviances (ci-dessus, encart publicitaire pour *Vénus à la fourrure*, de L. von Sacher-Masoch, 1902), tandis que le discours médical adopte l'austère terme de « sexualité » (1884) pour refroidir le débat sur ce qui est « normal » et ce qui l'est moins.

En 1857, A. Tardieu, dans *La Pédérastie*, avait cherché à démontrer un lien entre « inversion » et criminalité. En 1895, malgré un plaidoyer historique pour « l'amour qui n'ose pas dire son nom », le poète Oscar Wilde est condamné à deux ans de prison pour « outrage aux bonnes mœurs » et « sodomie ». L'homosexuel, terme inventé en 1869 par le médecin austro-hongrois K.-M. Kertbeny et encore réservé au vocabulaire scientifique, est vu comme un « corrupteur de la jeunesse ».

❝Ma *Pornocratie* [ci-dessus, 1878] est faite. [...] Je voudrais te faire voir cette belle fille nue chaussée, gantée et coiffée de noir, soie, peau et velours, et, les yeux bandés, se promenant sur une frise de marbre, conduite par un cochon à « queue d'or » à travers un ciel bleu. Trois amours – les amours anciens – disparaissent en pleurant.❞

Félicien Rops à H. Liesse, janvier 1879

Éros « décadentiste »

Signe des temps, le lexique français s'enrichit en 1860 du substantif « pornocrate » pour désigner celui ou celle qui fait de la jouissance érotique sa règle de vie : l'individu libéré des tabous, qui satisfait tous ses désirs, notamment sexuels. Peu enclin à la fantaisie, Proudhon utilise le terme en 1865 pour stigmatiser les nantis qui ne pensent qu'à leur plaisir, mais sans convaincre.

Symboliste ou « décadentiste », la fin de siècle aime la transgression : de l'étreinte entre Salammbô et son python géant aux sophistications érotiques de Huysmans, en passant par les récits saphiques de Pierre Louÿs et les femmes nues crucifiées de Félicien Rops, écrivains et illustrateurs poussent toujours plus loin le défi contre les valeurs bourgeoises, dans une surenchère qui culmine avec cette invraisemblable alliance entre anarchie, sadisme et exotisme extrême-oriental, *Le Jardin des supplices*, ce qui n'empêche pas Octave Mirbeau d'y friser le chef-d'œuvre.

Tandis que les photos des supplices chinois les plus atroces font fureur dans les bordels un siècle avant que Georges Bataille ne s'en étonne dans *Les Larmes d'Éros*, artistes et écrivains forgent les nouveaux mythes érotiques d'une modernité assoiffée d'impossible : l'hermaphrodite et la femme fatale. De Baudelaire à Burne Jones, de Huysmans ou Remy de Gourmont à Péladan, c'est l'imaginaire troublant de l'androgyne qui hante tous les esprits : un ange doué d'une sexualité double, auprès de qui chacun, homme ou femme, pourrait jouir de sa propre ambivalence. Mais la fin de siècle découvre aussi les charmes interdits de la préadolescente offerte nue au regard des hommes : la petite Salomé qui, de Flaubert à Wilde, de Gustave Moreau à Klimt et à Mallarmé, incarne l'érotisme d'une nouvelle figure vertigineuse :

Antireligieuse (ci-dessus, F. Rops, *Étude pour La Tentation de saint Antoine*, 1878) et scénographique (ci-contre, F. von Bayros, *La Vue*, 1912), l'« éroticité » fin de siècle rêve de cruautés orientales, comme le « supplice de la caresse » que la tendre Clara, dans *Le Jardin des supplices* d'Octave Mirbeau, raconte à son amant pour l'initier à de nouvelles voluptés : « L'homme [...] était étendu sur une table très basse, les membres et le corps liés par de solides cordes [...] Une femme [...] empoigna sa verge et elle officia... Oh chéri !... Si tu avais vu !... Cela dura quatre heures... quatre heures de caresses effroyables et savantes, pendant lesquelles la main de la femme ne se ralentit pas une minute [...]. Le patient expira dans un jet de sang. »

la femme-enfant fatale, la nymphette qui attire et qui tue, Lolita. Dès le début du XXe siècle, sous la plume de Franz von Bayros, ces déviances trouvent pour s'exprimer un nouveau médium, promis par d'autres à un bel avenir : le dessin en séquence, qui ouvre la voie à la bande dessinée.

L'histoire s'accélère. Moins de dix ans séparent *The Kiss* (ci-contre, 1896), et cette jeune fille nue épiée par le trou d'une serrure dans *La Coiffeuse* (page de droite, 1905). Par la poste, des cartes coquines circulent déjà en toute liberté (ci-dessous, *Baigneuse*, par X. Sager, 1900). Quant au corset qui gonfle si bien les fesses et les seins (page de droite, R. Kirchner, 1911), qui pourrait s'en passer ? « Rien qu'un corset chic et vous faites sensation dans les meilleurs salons ! »

Premiers « pornos »

Le Cinématographe est inventé par les frères Lumière en 1892 et dès 1893, l'abréviation « cinéma » est adoptée par la langue courante ; la même année, l'adjectif « pornographique » est abrégé en « porno », avant d'être substantivé au masculin pour désigner le genre pornographique, puis spécifiquement, vers 1915, un film obscène. Dès 1895, année du lancement public du Cinématographe, la *Serpentine Dance* crée l'événement aux États-Unis au point que la bobine doit être détruite. En 1896, c'est le premier baiser à l'écran entre John C. Rice et May Irwin dans *The Kiss* : un journaliste du *Chicago Tribune* demande l'intervention de la police « contre cette obscénité ». La même année, un film intitulé *Le Bain*, hélas disparu, propose la première scène de strip-tease de l'histoire du cinéma. En 1907, *Le Voyeur* récidive. Aux États-Unis, les premiers films X sont réalisés en 1907, année qui voit d'ailleurs la création des premières commissions de censure, suivies en 1909 par des dispositions équivalentes en Grande-Bretagne et en France. *A Grass Sandwich*, premier véritable

film « porno » avec scénario, est tourné en 1915. Désormais, la conquête de la nudité se fera dans deux circuits parallèles : dans la clandestinité avec la confection de bandes érotiques pour une clientèle spécialisée, dans l'industrie par la suggestion. En 1910, une épaule dénudée est le maximum qu'on peut s'autoriser dans un film distribué en salle, tandis que les bobines diffusées dans les maisons closes n'ont déjà, hormis la couleur, rien à envier aux films suédois des années 1970.

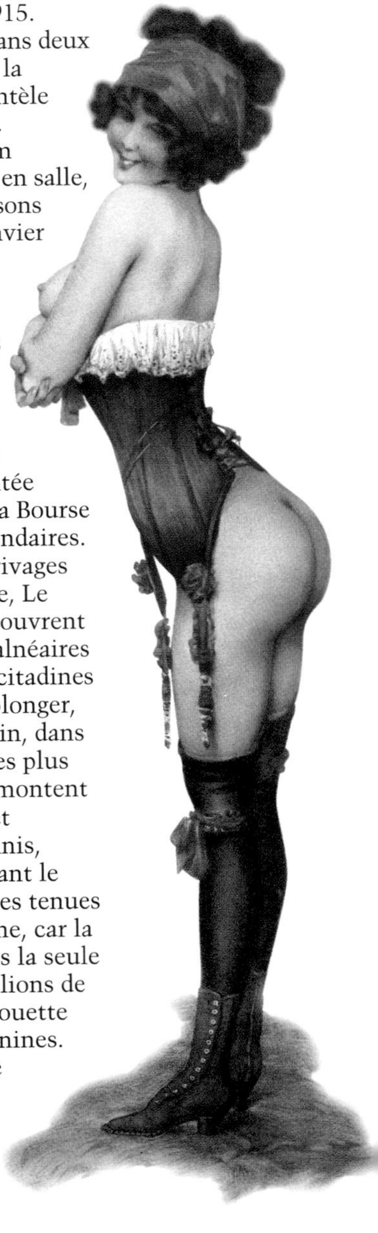

La « Belle Époque »

La guerre de 1870 coûte cher à la France, mais lui apporte la République. La reconstruction dope les affaires. La nouvelle bourgeoisie marchande règne sur une démocratie d'opinion qui voit les tirages des quotidiens passer à un million d'exemplaires et la montée en flèche des journaux illustrés. On joue à la Bourse et l'on se fait construire des résidences secondaires. La côte atlantique (Arcachon, Biarritz), les rivages de la Normandie et de la Manche (Deauville, Le Touquet) se couvrent de stations balnéaires où les belles citadines viennent se plonger, en robe de bain, dans les vagues. Les plus audacieuses montent à bicyclette et jouent au tennis, en abandonnant le corset pour des tenues moins constrictives, du moins à la campagne, car la taille cintrée reste de rigueur à la ville : dans la seule année 1900, les Françaises achètent six millions de corsets. Les revues de mode prônent la silhouette en S inversé, qui accentue les courbes féminines. C'est cette ligne fin de siècle d'un érotisme désormais international, que Neil Kimbel, la fastueuse égérie de San Francisco, résume par la formule : « Rentrer tout, sauf le cul et les seins. »

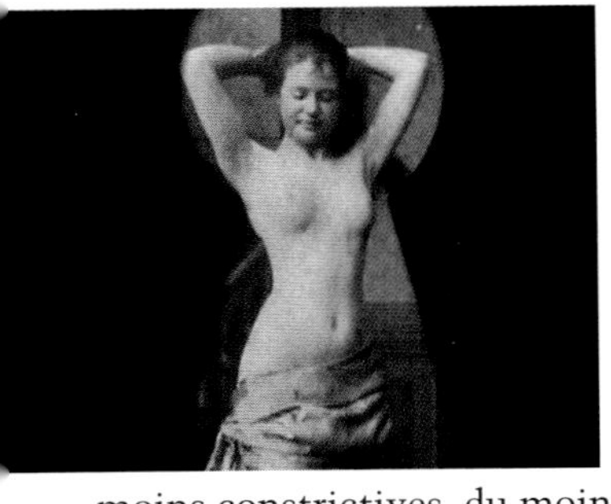

L'histoire, qui se mondialise, place Éros devant un défi crucial : se redéfinir à l'échelle des masses, de l'industrie culturelle, des cycles courts et de la consommation. La révolution sexuelle a libéré le désir, mais cette victoire l'a métamorphosé : il cesse insensiblement d'être l'expression de l'individu pour apprendre à devenir, sans tabous ni obsession, un art de vivre collectif où se joue peut-être une nouvelle valeur de l'humain.

CHAPITRE 6

ÉROS CONTEMPORAIN

Île de Wight, 1969 (page de gauche) : des garçons nus, deux filles, couvertes de savon, qui s'étreignent et s'embrassent sur la bouche. C'est la liberté. Gainsbourg chante *69, année érotique*. Désormais, il est « interdit d'interdire » : l'idée vient de loin (ci-contre, Marcel Duchamp, *Prière de toucher*, 1947), mais aura-t-elle la vie longue ?

Freudien et convulsif

Dans le domaine des idées, l'image de la sexualité connaît un tournant radical avec les révélations de la psychanalyse freudienne, dont les succès contribuent fortement à « érotiser » la relation quotidienne au réel. La fin du mythe de l'enfance asexuée, le symbolisme luxurieux des rêves, une certaine dédramatisation de la masturbation et des « anomalies » dans les comportements et les fantasmes amoureux ouvrent la voie d'une nouvelle curiosité pour l'univers du plaisir sexuel et de ses représentations. On s'amuse à débusquer le désir dans les actes manqués, on déchiffre les messages cryptés des pulsions, on analyse les processus complexes de la suggestion.

La littérature et l'art ne tardent pas à s'emparer d'Éros, à commencer par le surréalisme qui en fait, avec la référence à Sade, et une certaine fascination pour l'hystérie, le principe magnétique de toute « beauté convulsive ». De *Nadja* à *L'Amour fou*, André Breton invente un nouveau lyrisme du désir sexuel : « l'érotique voilé », qui croise le mysticisme de la tradition courtoise avec le merveilleux contemporain du hasard objectif et de l'inconscient, en renouvelant dans *Arcane 17* le mythe amoureux de la « femme-enfant ». Dans le sillage de Bosch, Blake, Füssli et Munch, ce sont les arts visuels qui manifestent le mieux l'intensité et la profusion de l'inspiration érotique dans le surréalisme : en arts

« Lorsqu'on voit un enfant rassasié quitter le sein en se laissant choir en arrière [...] avec un sourire bienheureux, on ne peut manquer de se dire que cette image reste le prototype de la satisfaction sexuelle dans l'existence ultérieure. »

Sigmund Freud [ci-contre, portrait-charge], *Trois essais sur la sexualité*, 1905

Scandale : avec la psychanalyse, le triangle organique d'Éros (bouche, anus, sexe) acquiert le statut de structure fondatrice de l'humain.

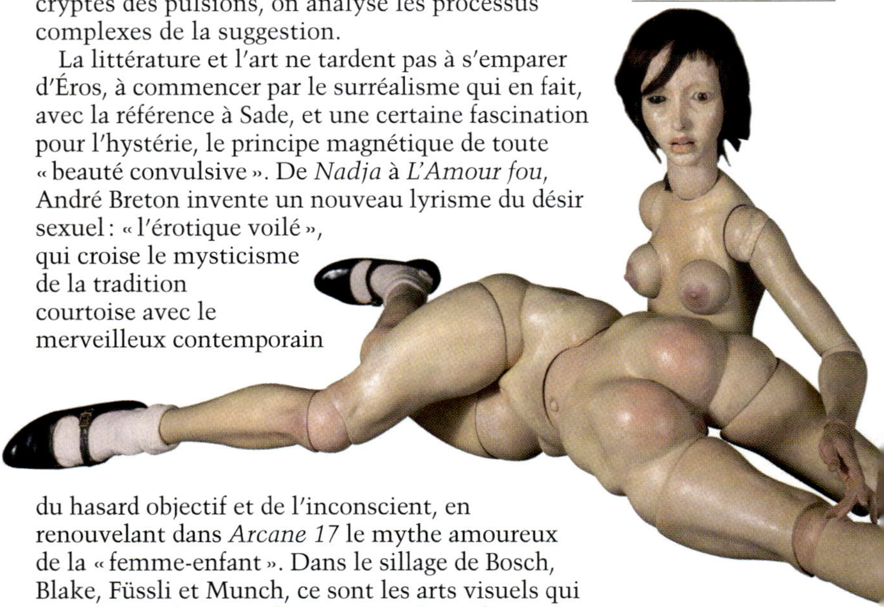

plastiques, avec les installations de Duchamp, les poupées de Bellmer, les voluptueux volumes d'Arp, les dessins de Masson, les collages de Max Ernst, les exhibitions oniriques de Magritte ou Delvaux, les scénarios primitifs de Brauner, les cérémonies secrètes de Molinier ou de Balthus ; au cinéma, avec *Un chien andalou*, *L'Âge d'or* ou *Viridiana* de Buñuel ; sans oublier les nus solarisés de Man Ray qui ouvrent la photographie sur une nouvelle ère : celle de l'art contemporain. Mais, avec des toiles comme *Jeune vierge autosodomisée par sa propre chasteté* (1954), et des objets aussi improbables que le *Veston aphrodisiaque*, c'est sans doute l'œuvre échevelée et « paranoïa-critique » de Salvador Dalí qui symbolise le plus clairement le « sex-appeal spectral » et l'érotisme cannibale que matérialise la création surréaliste : « Tout comme l'objet d'amour, après avoir voulu l'actionner, nous avons voulu le manger. »

D'une guerre à l'autre : le désir à bout portant

En mettant un terme tardif au XIXe siècle, le carnage de 14-18 avait été une épreuve de vérité dont la violence inouïe avait balayé les hypocrisies de la morale bourgeoise et fait rêver d'un monde réconcilié avec l'innocence du désir, selon la formule d'Apollinaire : « Tes seins sont les seuls obus que j'aime. » Entre la « der des der » et la montée des fascismes, ce sont les Années folles : un entre-deux-guerres où modernité rime avec érotisme, insouciance et divertissement. Les femmes se coiffent à la garçonne, les robes raccourcissent, on danse le charleston.

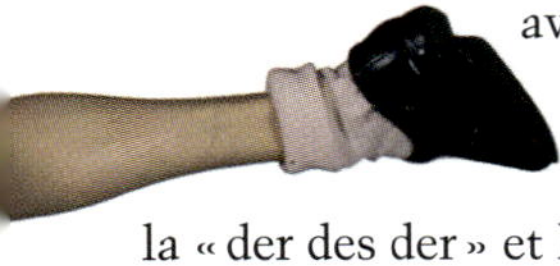

Dans *L'Homme au sable*, de Hoffmann, Nathanaël tombe amoureux de la poupée animée Olympia. Freud en tire le concept d'« inquiétante étrangeté » : les enfants désirent que les poupées vivent ; à l'âge adulte, un trouble surgit du retour dans le réel de cet imaginaire archaïque qui confond le dehors et le dedans, espace des pulsions, comme au stade où le moi n'était pas constitué. En 1932, Bellmer réalise sa première poupée avec jointures à boules (page de gauche, 1932-1945) : un corps réarticulé qui provoque « le transfert dans un objet modifiable [...] des rêves irréalisables de l'amour enfin captés dans un mécanisme dont il est possible de disposer à sa guise ». Autre figure subversive de l'Éros surréaliste : Luis Buñuel, *L'Âge d'or*, 1930 (ci-dessus).

À la *Revue nègre*, gentiment colonialiste, Joséphine Baker se contorsionne sur scène, en faisant des grimaces, vêtue d'un simple pagne de bananes.

L'année 1928 voit l'apparition en français du mot « sexy », emprunté à l'anglais pour dire « qui a un pouvoir de séduction sexuel, des formes physiques attrayantes, un comportement provocant », bientôt suivi par « sex-appeal » comme substantif. Au même moment, Erich von Stroheim tourne *Queen Kelly* et Alexander Fleming découvre la pénicilline, qui permettra, vingt ans plus tard, de guérir la syphilis. Millésime faste, c'est aussi en 1928 que paraissent trois monuments de la littérature érotique : *Histoire de l'œil* de Georges Bataille (publié sous le pseudonyme de lord Auch jusqu'en 1967), *Le Con d'Irène* de Louis Aragon

En fait nous ne cessions pour ainsi dire pas de faire l'amour. Nous évitions l'orgasme et nous visitions la ville, seul moyen de ne pas garder sans fin le membre immergé dans son fourreau. Nous profitions seulement de toutes les occasions au cours d'une promenade.

Ci-dessus, extrait d'*Histoire de l'œil* (1928) de Georges Bataille ; en haut, gravure de Bellmer pour l'édition de 1945.

(« Ô délicat con d'Irène ! Ô fente, fente humide et douce, cher abîme vertigineux »), hymne onirique et chaste en l'honneur du sexe féminin, dans l'esprit des blasons du XVIe siècle, et *L'Amant de lady Chatterley* de D.H. Lawrence, moins transgressif mais aussitôt interdit malgré les ambitions pédagogiques de l'auteur : « Je voulais seulement que les hommes et les femmes soient capables de penser les choses sexuelles pleinement et complètement, honnêtement et proprement. »

Tandis qu'en arts plastiques les trois M (Matisse, Modigliani, Maillol) célèbrent les courbes du corps

❝Le corps est comparable à une phrase qui vous inviterait à la désarticuler, pour que se recomposent, à travers une série d'anagrammes sans fin, ses véritables contenus.❞

Hans Bellmer, *Petite anatomie de l'image*, 1957

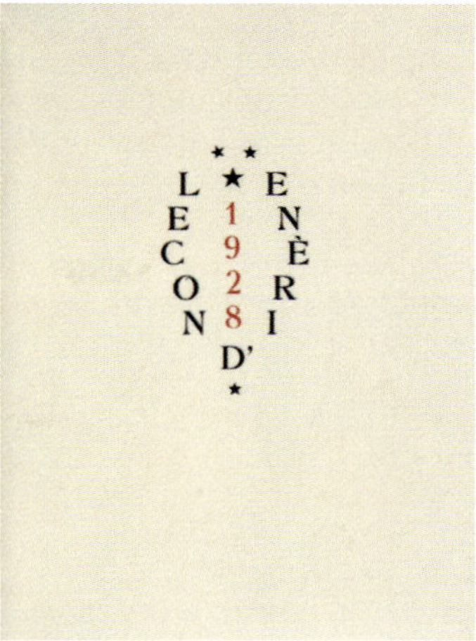

féminin, le baiser fait irruption à l'écran et le film ose des images plus suggestives, jusqu'à de fantastiques machineries désirantes comme dans *Dancing Lady* de Busby Berkeley. En 1932, Céline, dans *Voyage au bout de la nuit*, résume la situation : « L'avenir [...] Ce sera comme une partouze qui n'en finira plus... Et avec du cinéma entre. »

Mais les censeurs veillent : le code de l'austère sénateur républicain Hays, qui va prévaloir jusqu'aux années 1960, impose des règles strictes aux studios de Hollywood : les décolletés sont encadrés (de dos jusqu'à la taille, de face jusqu'à la naissance des seins), les « mouvements inconvenants » sont interdits et le nombril ne peut être montré. Désormais, les cinémas européen et américain connaissent des destins divergents. En 1933, Hedy Lamarr (Hedwig Kiesler) apparaît entièrement nue sortant de son bain dans *Extase*, du Tchécoslovaque Machaty ; le gouvernement américain en fait brûler symboliquement une copie en 1935.

Ci-dessus, couverture du *Con d'Irène*, d'Aragon, 1928 ; en bas, Picasso, *Dora et le Minotaure*, 1936 : « L'art n'est pas chaste [...] Oui, l'art est dangereux. Ou s'il est chaste, ce n'est pas de l'art » (Picasso).

À Hollywood, l'érotisme filmique se réfugie dans la métaphore et l'allusion : en 1946, dans *Gilda*, Rita Hayworth simule un véritable strip-tease et une relation amoureuse en enlevant seulement son gant. Dans les pays fascistes, au contraire, le nu intégral est de rigueur : aussi anti-érotique que sa statuaire grandiloquente, le nudisme aryen de l'Allemagne nazie exalte la bonne santé d'une jeunesse que l'on prépare au carnage. Bon enfant, le Front populaire de 1936 en France offre pour la première fois dans l'Histoire la possibilité à des millions de salariés de prendre des « vacances » : on va à la mer, on se met en maillot de bain, on apprend à flirter comme les riches. Sous l'œil bienveillant de Fernand Léger et de Pablo Picasso, Éros devient démocrate.

Ci-dessous, *Gilda*, de C. Vidor (1946) : la scène mythique où Rita Hayworth dénude la partie pour le tout. Dans *La Mort aux trousses* d'Hitchcock (1959), Cary Grant et Eva Marie Saint s'enlacent : vont-ils faire l'amour dans leur wagon ? S'enchaîne l'image du train qui s'engouffre dans un tunnel. Et dans *Spartacus* (S. Kubrick, 1960), comment dire l'homosexualité ? À Tony Curtis qui lui demande s'il aime les huîtres, Lawrence Olivier répond : plutôt « les escargots »...

Érotisme à la française

Après la peste brune du nazisme, les atrocités de la Shoah, la vitrification d'Hiroshima et l'invasion de l'Armée rouge, c'est la guerre froide : l'Amérique

puritaine se prépare à la conflagration avec un bloc de l'Est qui va de l'Allemagne à la Chine de Mao. Tandis que les deux tiers de la planète s'enfoncent dans le puritanisme stalinien, l'Europe de l'Ouest perd ses colonies et son hégémonie, mais se console en pariant sur l'avenir et la reconstruction. La pénicilline, enfin utilisable depuis 1945, met fin au cauchemar de la syphilis. Les prisonniers rentrent, on se marie très jeune, et c'est le baby-boom.

Ci-dessus, Caveau de la Huchette, par Willy Ronis, 1957. Entre deux airs de trompette, Boris Vian chante sa *Messe en Jean Mineur* : « Mon sperme a craché sur sa tombe / Mais la belle sait mille tours / Elle a de grands yeux de pervenche / Et me suçote mon grigri / Miracle ! Amis, c'était dents blanches ! / Un beau cardinal écarlate / Encule les enfants de chœur / Un spectacle offert par COLGATE ! » Les rêveurs préfèrent *Histoire d'O*.

Dans la fumée des cigarettes et les airs de saxo du Tabou, la jeunesse intellectuelle vit à l'heure de l'« amour libre » existentialiste et de l'érotisme déculpabilisé. Sartre et le Castor s'essaient à l'échangisme. En 1954, sous le nom de Françoise Sagan, une jeune fille de dix-huit ans scandalise et fait un succès avec *Bonjour tristesse*, qui vante les charmes de la vie oisive et du plaisir sexuel ; la même année, une certaine Pauline Réage crée l'événement avec *Histoire d'O*, un récit sado-masochiste publié par Jean-Jacques Pauvert : derrière le pseudonyme se cache Dominique Aury, pilier de la *NRF* et maîtresse de Jean Paulhan, qui signe la préface du roman après en avoir inspiré la rédaction. L'érotisme devient un thème favori des élites. L'année suivante, Vladimir Nabokov fait paraître en France *Lolita* que la censure maccarthyste interdit aux États-Unis, tandis que se profile, dans les milieux universitaires, un courant de libération sexuelle dont Marcuse publie le manifeste avec *Éros et Civilisation*.

Mais c'est en France que se manifeste le plus intensément la montée en puissance sans précédent de l'érotisme comme valeur à la fois populaire et intellectuelle. En 1956, *Et Dieu créa la femme*, de Roger Vadim, fait de la jeune Brigitte Bardot un sex-symbol dépassant en renommée mondiale Carroll Baker qui incarne, la même année, la *Baby Doll* d'Elia Kazan. Un an plus tôt, la jupe envolée de Marilyn Monroe a fait le tour du monde. Mais, en 1957, c'est l'idée même d'érotisme, sa théorisation, qui fait de la France le centre nerveux d'un nouveau questionnement philosophique, avec l'essai de Georges Bataille *L'Érotisme*, qui défend une conception douloureuse et sadienne, criminelle et nihiliste, dans laquelle le rigoureux Breton, peu amateur de « gaudrioles », sera le premier à se reconnaître, et que les surréalistes fêteront en 1959 par une Exposition internationale : une porte en forme de vagin, une salle utérine au plafond rose palpitant, un couloir aux soupirs, un « Festin cannibale » de Meret

Ci-dessus, Brigitte Bardot dans *Et Dieu créa la femme* (Roger Vadim, 1956) ; page de droite, en haut, Carroll Baker dans *Baby Doll*, (Elia Kazan et Tennessee Williams, 1956) ; en bas, Sue Lyon sur l'affiche de *Lolita* (film de S. Kubrick, d'après Nabokov, 1962).

BB a vingt-deux ans quand Roger Vadim fait d'elle un sex-symbol : « Je voulais, à travers Brigitte, restituer le climat d'une époque. Juliette est une fille de son temps qui s'est affranchie de tout sentiment de culpabilité, de tout tabou imposé par la société et dont la sexualité est entièrement libre. Dans la littérature et les films d'avant-guerre, on l'aurait assimilée à une prostituée. C'est, dans ce film, une très jeune femme, généreuse, parfois désaxée et finalement insaisissable, qui n'a d'autre excuse que sa générosité. » À peine remarqué à sa sortie en France, le film fait aux États-Unis un succès de scandale qui lui assure un triomphe mondial.

Oppenheim, agrémentés de jolies définitions comme « masturbation : la main au service de l'imagination » (M. Parent) ou « scabreux : ce qui côtoie tout au long le précipice, l'évitant de justesse pour en entretenir le vertige » (A. Breton). La même année, Éric Losfeld, spécialisé dans les publications érotiques, fait paraître, sans nom d'auteur ni d'éditeur, *Emmanuelle*, un roman tumultueux – aussitôt interdit – proposant un culte radical du partenaire multiple, nimbé d'exotisme extrême-oriental : l'utopie de plaisirs sans tabous entre adultes consentants.

Textes érotiques à l'écran

L'adaptation de textes érotiques pour le cinéma suscite polémiques et interdictions. Le genre intéresse la plupart des grands cinéastes, mais jusqu'en 1968, la censure reste d'autant plus rigoureuse que le film attire un public beaucoup plus large que le livre. En 1962, Stanley Kubrick met en scène *Lolita* : on lui inflige de telles coupures que le cinéaste considère que son film est défiguré et déclare qu'il aurait préféré ne pas le tourner. Roger Vadim réalise *Les Liaisons dangereuses* en 1959 : le film est interdit, mais le nouveau président, Charles de Gaulle, après

l'avoir visionné, décide de faire autoriser sa diffusion en salles.

Au début des années 1970, la censure rend toute sa liberté au cinéma érotique en pourchassant désormais le cinéma pornographique. Federico Fellini en profite, dès 1969, pour porter à l'écran l'un des chefs-d'œuvre de l'érotisme antique, *Le Satiricon* de Pétrone. En 1976, il réalise un *Casanova* en choisissant d'évoquer l'aventurier dans son déclin. Quant à Pier Paolo Pasolini, son cinéma puise largement dans la littérature érotique, dont il use avec liberté dans *Le Décaméron* (1971), *Les Contes de Canterbury* (1972) et *Les Mille et Une Nuits* (1974). Sa dernière adaptation, *Saló ou les 120 Journées de Sodome*, terminée juste avant son assassinat en 1975, est une transposition de Sade dans le contexte des derniers moments du régime fasciste.

Mais, avec neuf millions de spectateurs en France, cinquante dans le monde, et dix ans de présence ininterrompue à l'écran sur les Champs-Élysées, c'est *Emmanuelle*, l'adaptation du roman d'Emmanuelle Arsan par Just Jaeckin en 1974, avec Sylvia Kristel dans le rôle de la brûlante héroïne,

Ci-dessus, *Les Mille et Une Nuits*, de Pasolini, 1974; page de droite, Sylvia Kristel dans *Emmanuelle* de Just Jaeckin, 1974.

❝Bee soupire [...] Emmanuelle [...] humecte sur toute la longueur les bords de la vulve, en lèche l'intérieur, puis cherche le clitoris, l'aspire, le stimule de vibrations, l'adoucit de salive, le fait aller et venir entre ses lèvres comme un phallus minuscule. [...] Ses doigts sont tout humides. Elle les fait courir entre les fesses. [...] Le doigt s'enfonce jusqu'au bout. Alors seulement, Bee crie.❞

E. Arsan, *Emmanuelle*, 1959

qui remporte un succès inégalé pour un film érotique interdit aux mineurs. Mais, à cette date, l'érotisme n'est plus une valeur clandestine : il est devenu l'air du temps.

> « [...] J'aime les filles de Megève / J'aime les filles de Saint-Tropez / J'aime les filles qui font la grève / J'aime les filles qui vont camper / Si vous êtes comme ça, téléphonez-moi / Si vous êtes comme ci, téléphonez-*me...* »
>
> Jacques Dutronc, *J'aime les filles*, 1968

La parenthèse heureuse

De la fin des années 1960 au début des années 1980, la génération occidentale du baby-boom, qui a entre quinze et trente ans, vit à l'abri des dangers, dans une sensation de liberté physique et d'érotisme spontané qui n'a probablement jamais eu d'équivalent dans l'Histoire. Bien nourrie, choyée par une économie prospère qui y voit la promesse de millions de consommateurs, protégée des maladies sexuellement transmissibles par les antibiotiques, cette génération jeune et dominante se trouve tout à coup libérée de l'ultime inquiétude qui gâchait depuis toujours les jeux de l'amour : le risque de procréation involontaire. Avec la pilule en vente libre à partir de 1967, on peut faire l'amour avec qui l'on veut, quand on veut, comme on veut, sans *coitus interruptus* ni préservatif. La contraception déresponsabilise les hommes – au point parfois de les

Ci-contre, Tom Wesselman, *Monica Nude*; en bas, Jane Fonda en mai 1970 à Washington; page de droite, en haut, M. Antonioni, *Zabriskie Point*, 1970; en bas, *Je t'aime moi non plus*, 1969 : le 45 tours où Jane Birkin se montre nue est interdit à la vente et à l'antenne : « [...] tu vas et tu viens / entre mes reins / et je / te rejoins – je t'aime je t'aime / oh, oui je t'aime ! / moi non plus/oh mon amour... / l'amour physique est sans issue / je vais et je viens/ entre tes reins / je vais et je viens / et je me retiens / – non ! main- / tenant/ Viens ! » (Serge Gainsbourg).

inquiéter – et donne aux femmes pour la première fois la faculté de décider elles-mêmes de leur vie amoureuse en disposant librement de leur corps.

Associée à une tolérance de plus en plus sensible envers les homosexualités, au développement des mouvements féministes et à une progression vers l'égalité juridique des sexes, la parenthèse des années 1960-1980 est marquée par la présence grandissante des discours sexologiques, par une baisse tendancielle des valeurs religieuses et par une valorisation culturelle sans précédent du plaisir et de la séduction. Mais elle porte surtout l'empreinte d'une génération qui veut « changer la vie ». Jane Fonda, qui vient de tourner *Barbarella* avec Vadim, milite, seins nus, sous ses tee-shirts moulants, contre la guerre du Viêt-Nam. Le slogan est : « faites l'amour, pas la guerre ».

Les événements de Mai 1968 placent la sexualité au centre du

débat politique, et un érotisme auréolé de poésie rimbaldienne s'affiche sur les murs des villes sous forme de mots d'ordre aux accents surréalistes : « Interdit d'interdire », « Prenez vos désirs pour des réalités », « Jouissez sans entrave », etc. Serge Gainsbourg chante *69, année érotique*. C'est l'âge de l'impunité et des aventures sans risque : une sorte de parenthèse heureuse, qui durera jusqu'en 1980 aux États-Unis, 1983 en France, dates à partir desquelles le fléau foudroyant du sida mettra fin brutalement à toutes les illusions. Mais pour l'heure, le paradis s'annonce durable.

Éros vestimentaire

Aux fortes poitrines des pin-up américaines qui évoquent un matriarcat infantilisant, on préfère les petits seins en pomme des top-modèles anglais.

Cheveux courts pour les filles, cheveux longs pour les garçons, minceur partagée, désintérêt pour les courbes féminines et pour les statures d'athlètes : la nouvelle vague joue l'unisexe et la silhouette androgyne, tout en pariant sur une érotisation publique des tenues vestimentaires. Les jupes raccourcissent à l'extrême et les soutiens-gorge s'envolent.

La rébellion ne tarde pas à être rattrapée par le marché, et d'abord par la mode et les marques. Saisissant la tendance « seins nus », le fabricant de sous-vêtements Dim lance le monokini : juste un mini-slip pour aller à la plage. La mode joue les transparences avec de fines cotonnades indiennes, ou l'habit-peau, qui adhère au corps. De nouvelles matières textiles, comme l'élasthanne, permettent de créer des vêtements ultramoulants qui exigent des petites culottes presque invisibles : en 1975, c'est la naissance du string, dont les Brésiliennes de Copacabana s'emparent pour lancer la mode de maillots de bain minimalistes, avec pour conséquence une nouvelle esthétique qui restaure

Le sociologue Jean Baudrillard l'avait annoncé dès 1970 : « Le corps est notre plus bel objet de consommation. » Que vend Marilyn Cole, dans cette photo prise à Londres en 1974 (ci-dessous) ? Une tendance « mini » du prêt-à-porter ? *Playboy*, dont elle est le modèle ? Sa propre aura de mannequin ? Ou bien le désir lui-même ? L'imaginaire sexuel n'est pas un « plus » qui optimise le produit : il est l'essence dont le produit n'est que l'apparence. Identifié au « flux tendu » entre offre et demande, l'érotisme est l'âme de l'économie de marché : c'est la consommation qui se désire.

Blow Up d'Antonioni (1966) prophétise la toute-puissance érotique de l'image. Le photographe de mode Thomas (David Hemmings) règne sur un harem de jeunes mannequins (dont Jane Birkin) prêtes à tout pour être « prises » en photo. Dans la séquence de « shooting » où il chevauche la top-modèle Veruschka (ci-contre), chaque détail – mouvement, rythme, postures, gestes, respirations, cris (*yes ! yes !*) – suggère un véritable coït dont l'objectif serait l'instrument. Douze ans plus tard, la nudité est de règle sur les podiums : ci-dessous, défilé Thierry Mugler, printemps-été 1978.

l'érotisme antique des Vénus épilées, dont la toison pubienne se réduit désormais à un minuscule triangle, le « trim », ou à la disparition de toute pilosité. Les défilés de mode, popularisés par la télévision, jouent la surenchère en transformant en stars des mannequins, de plus en plus déshabillés, qui commencent à supplanter les actrices de cinéma.

Érotique, porno, X

En Europe, il faut attendre *Blow Up* d'Antonioni, en 1966, pour voir pour la première fois à l'écran un pubis féminin. La levée des interdits conduit des cinéastes comme Marco Ferreri ou Barbet Schroeder à aborder de façon directe les divers aspects de la sexualité, tandis que cette thématique attire vers

Appareils reflex, tirages industriels, compacts numériques : le nu est à la portée de tous, seule l'audace fait la différence. La presse lance les magazines de charme : *Playboy*, *Lui*, *Zoom*, *Penhouse* (en bas, n° d'avril 1995), *Photo* (n° de 1992, avec Madonna, héroïne du livre à scandale *Sex*). Les photographes de mode, Sieff, Hamilton, Newton publient des albums où saphisme et sadomasochisme paraissent désormais indispensables au succès de librairie. Remarqué au cinéma (à gauche, Oshima, *L'Empire des sens*, 1976), le *mood* érotique japonais, amateur de *bondage*, acquiert le statut de tendance dans l'art contemporain (en bas, n° spécial de *Beaux Arts magazine*, août 2007).

le cinéma des écrivains comme Alain Robbe-Grillet (1971, *L'Éden et après* ; 1974, *Glissements progressifs du plaisir* ; 1975, *Le Jeu avec le feu* ; 1983, *La Belle Captive*). Le thème de la sodomie fait le succès du *Dernier Tango à Paris* (1972). C'est grâce à un érotisme soutenu que le cinéma japonais parvient à s'exporter et le cinéaste Nagisa Oshima remporte deux beaux succès avec *L'Empire des sens* (1976) et *L'Empire de la passion* (1978). De son côté, Jean-François Davy, avec *Exhibition* (1979), obtient quinze millions d'entrées en France, soit autant que les *James Bond* de l'époque.

Cette prolifération de films gentiment pervers ou brutalement « hard » finit par inquiéter. Le 31 octobre 1975, le législateur, en France, procède au classement X des films « à caractère pornographique » avec confinement dans des salles spécialisées et taxation des films étrangers : la loi crée un protectionnisme de fait qui profite à la production nationale (85 % des films projetés sont français) et permet l'émergence de stars locales comme Marilyn Jess ou Brigitte Lahaye.

C'est la fin du X en salle. Des deux cents cinémas X qui prospéraient en 1975, il n'en reste plus qu'un seul en 2001, Le Beberley,

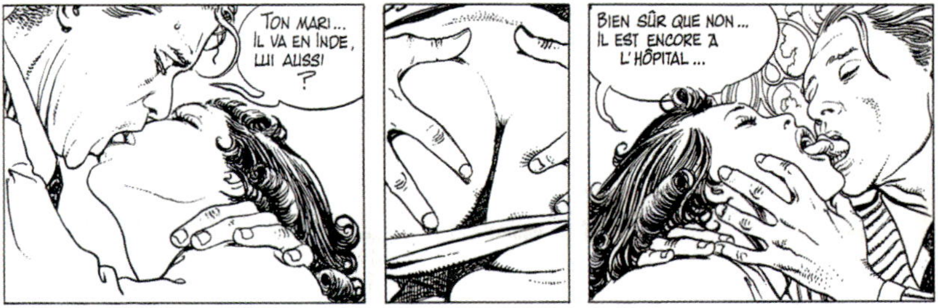

à Paris. Ce qui n'empêche pas le genre de connaître un succès sans précédent, mais à travers deux substituts : un nouveau format, le film de *charme*, socialement plus acceptable que le X, et une innovation technologique, le magnétoscope familial, qui permet de visionner du vrai X chez soi. Depuis, le cinéma érotique n'a pas disparu – la composante paraît même indispensable à un succès commercial minimum –, mais le film de charme n'existe plus et c'est le X qui a fini par tirer son épingle du jeu en profitant de nouveaux supports (DVD, télévision câblée et téléchargements Internet), c'est-à-dire en s'assurant technologiquement une longueur d'avance sur le cinéma.

Traversée depuis ses origines par la tentation érotique, la bande dessinée d'après 1968 en fait une arme de contestation (*Pilote*, *L'Écho des savanes*, *Hara-Kiri*, *Charlie*). G. Levis, G. Crépax (*Bianca*, *Vénus à la fourrure*), P. Serpieri (*Druna*) et M. Manara (*Le Déclic*, *Les Aventures de Giuseppe Bergman*, ci-dessus t. 3, *Rêver peut-être*) font de la BD érotique un produit phare du marché culturel de masse, vite rattrapé par le « hard » japonais : les mangas (esquisse dérisoire) et *hentaï* (perversions) qui jouent la surenchère dans la violence, le sadisme et la pédophilie. Même destin pour le dessin animé érotique : tour à tour comique (Tex Avery), poétique (*La Planète sauvage*, 1973), parodique (*La Honte de la jungle*, 1975), le genre est submergé par la production nipponne, qui offre de quoi satisfaire tous les goûts, du fétichisme de la petite culotte aux scénarios les plus sanglants.

Éros numérique

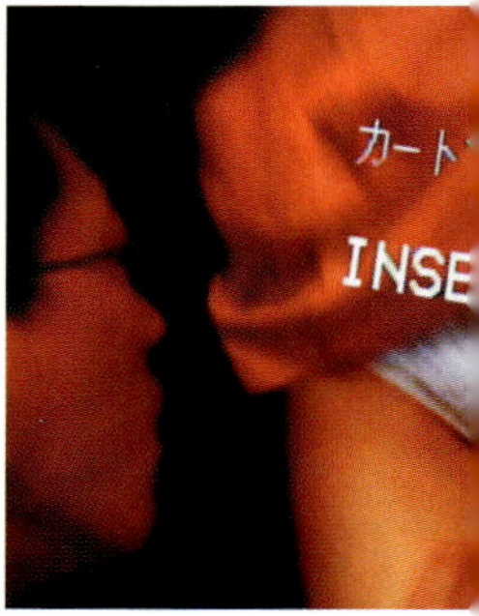

Les dernières décennies du XXe siècle avaient connu les débuts de l'érotisme communicationnel sous la forme du Minitel rose et des premiers sites érotiques sur Internet. Depuis, le cybersexe est devenu un marché vital pour ces nouvelles industries culturelles de masse : 35 % des téléchargements sur Internet sont liés à des contenus pour adultes et ces transactions ont généré près de 3,5 milliards de dollars en 2007. Actuellement, 90 dollars sont dépensés chaque seconde sur les sites érotiques ou pornographiques, qui représentent 13 % des sites Internet.

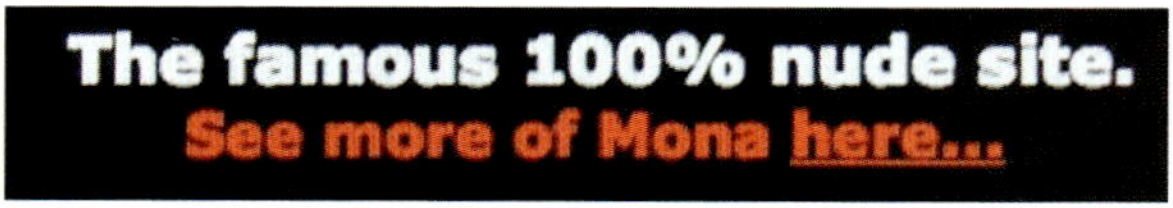

Ces chiffres ne donnent toutefois qu'une image partielle du monde cyber-érotique qui est en train de se construire, pour partie, en dehors des circuits commerciaux. Avec le développement de la photo et de la vidéo numériques, les webcams, les blogs, les forums, les messageries instantanées comme MSN, certains internautes passent de la situation de consommateurs à celle de créateurs, sans chercher de profit financier, en trouvant dans le réseau un moyen de satisfaire leur passion exhibitionniste ou leur imaginaire verbal auprès d'un public aussi large que non identifié. Simple exutoire, ou prémices d'une culture érotique dissidente, concurrente des grandes stratégies de marché ?

Plus de censure. En 1986, A. Lyne donne le ton avec *Neuf semaines et demie*. En 1992, dans *Basic Instinct*, Sharon Stone crève l'écran : vêtue d'une courte robe blanche, sans culotte, elle croise et décroise les jambes devant la caméra de P. Verhoeven. En 1996, D. Cronenberg porte à l'écran *Crash!* (J. G. Ballard) qui télescope érotisme et violence routière, en déclinant un cortège de voluptés sauvages : corps incarcérés, étreintes de hasard, cicatrices, blessures et sex-appeal des prothèses post-traumatiques. Depuis, exhibition et violence font partie du quotidien (en haut et page de droite, film pornographique payant sur télévision câblée, chambre d'hôtel, Japon, 2005 ; ci-dessus, publicité de site érotique sur Internet).

Nouvelle éducation sexuelle

Après avoir scandalisé, gêné, fait rire, puis sourire, les cours d'éducation sexuelle au lycée et les campagnes publiques d'information sur la sexualité en direction des jeunes ont fini par être acceptés et par jouer un rôle non négligeable dans la prévention des MST, la lutte contre le sida, la maîtrise des techniques de contraception et l'information sur l'interruption volontaire de grossesse. Mais pour l'essentiel, la culture érotique des adolescents cherche ses références, ses valeurs et ses images ailleurs : dans

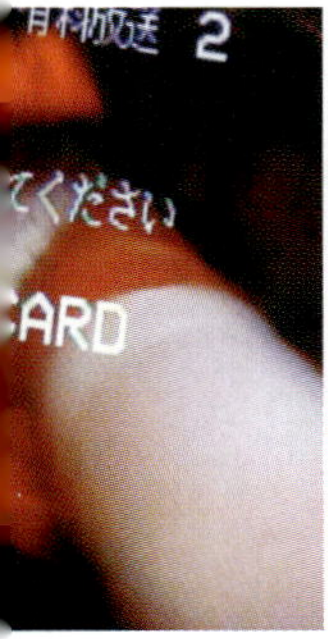

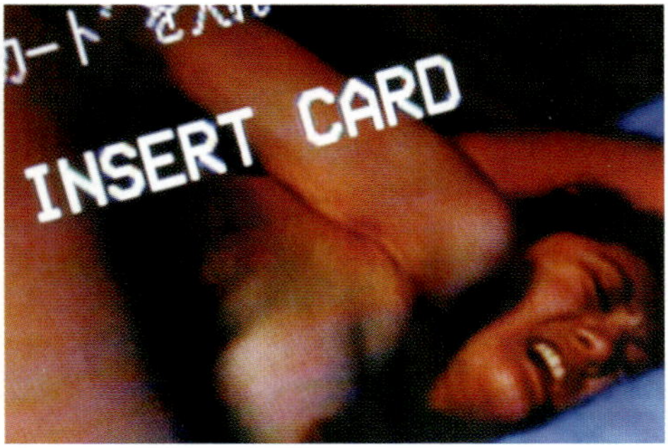

la publicité, les téléréalités, le cinéma, le dialogue sans tabous des radios libres, les films X des chaînes câblées, et bien entendu, Internet. L'accès massif des jeunes au réseau mondial, y compris par téléphone mobile, donne un rôle d'apprentissage déterminant aux milliers de sites érotiques et pornographiques qui offrent, en libre accès (moyennant un simple clic sur « oui » à la question « avez-vous plus de 18 ans ? »),

Ci-dessous, reportage de mode pour Dolce & Gabbana, San Francisco, 2000. À quoi rêvent les jeunes filles ? À l'amour, bien sûr, mais lequel et jusqu'où ?

❝Elle boit une gorgée, puis prend le glaçon dans sa bouche, et se penche sur le ventre de Laurence. [...] Ses lèvres l'amènent au bord de l'orgasme, le glaçon brûlant recule le plaisir tout en l'y ramenant [...]. Quand il n'en reste plus qu'une petite noix, Marie-Agnès l'enfonce, d'un coup de langue, dans le vagin.❞

Florence Dugas, *L'Évangile d'Éros*, 1997

une cascade d'images, fixes ou animées, qui déclinent toutes les postures et situations sexuelles imaginables. Il en résulte un phénomène un peu déroutant : dès leurs premières expériences amoureuses, les jeunes internautes estiment indispensable de faire aussi bien que sur les images, en jugeant qu'une relation sexuelle complète, outre la pénétration classique, implique au minimum une fellation et une sodomisation. Si cet enthousiasme de néophytes reste discutable, et le plus souvent passager, tout semble indiquer que les nouveaux médias érotiques ont, au total, un impact positif sur les performances des utilisateurs : alors que la durée moyenne d'une relation sexuelle était évaluée au début du siècle à trois minutes et demie, et ne dépassait guère cinq minutes dans les années 1950, elle atteint aujourd'hui un bon quart d'heure. Il est vrai que le Viagra fait aussi des miracles : un journal égyptien le recommandait en 2005 comme le nouvel antidote souverain contre la frigidité et la stérilité féminines.

Avec *La Vie sexuelle de Catherine M.*, par C. Millet, et *Baise-moi* de Virginie Despentes et Coralie (ex-hardeuse), le début des années 2000 a montré que la pornographie avait droit de cité dans le roman et le cinéma dits « d'auteur » : alliance sous tension, puisque le texte de C. Millet a fait scandale, tandis que *Baise-moi* s'est vite vu retirer son visa d'exploitation. Mais, quinze ans après l'indignation qu'avait provoquée la fellation de M. Detmers (17 secondes) dans *Le Diable au corps* de Marco Bellocchio (1986), celle que Patrice Chéreau donne à voir dans *Intimité* (2001) a été perçue comme une chose toute naturelle. Entre-temps, des milliers de sites Internet avaient fait entrer le sexe dans l'espace domestique (à gauche, site Met-Art, « Ditta », octobre 2007).

Homo, *queer*, transgenre

S'il n'est guère possible de parler de « progrès » en matière d'érotisme, la plus grande avancée de ces trente dernières années aura tout de même été le succès des combats en faveur d'une reconnaissance morale et juridique de l'homosexualité : victoire locale et remportée de haute lutte au moment même où la communauté homosexuelle masculine était décimée par les premières épidémies de sida. C'est le Québec, en 1977, qui promulgue, pour la première fois au monde, une loi interdisant toute discrimination publique ou privée fondée sur l'orientation sexuelle

des personnes. Il faut attendre 1990 pour que l'Organisation mondiale de la santé supprime l'homosexualité de la liste des maladies mentales.

Quant à la France, c'est seulement en 1982, à l'instigation du président François Mitterrand, que le législateur dépénalise l'homosexualité et, en 2004, que l'État instaure une « Haute Autorité » chargée de lutter contre la discrimination et les propos anti-homosexuels, juste avant que n'ait lieu, en 2005, dans quarante pays, la première journée mondiale de lutte contre l'« homophobie » – néologisme admis pour désigner l'hostilité contre l'homosexualité, mais mal bâti puisqu'il devrait vouloir dire « la haine du même ».

Au-delà des mesures de protection, l'homosexualité entre depuis 2000 dans l'âge de la reconnaissance pleine et entière. Le mariage entre personne de même sexe est légalisé aux Pays-Bas (2001), en Belgique (2003), au Canada (2004), en Espagne, en Irlande du Nord (2005) et en Afrique du Sud (2006). Mais l'homosexualité, interdite par la charia, est encore passible de peine de mort dans six pays (Arabie Saoudite, Iran, Nigeria, Mauritanie, Soudan et Yémen), de prison dans plus de vingt-sept pays (en Afrique, au Moyen-Orient, en Inde) et reste considérée comme une pathologie mentale en Chine.

Dans les pays avancés, en revanche, l'homosexualité masculine et féminine est désormais considérée comme si ordinaire que l'idée même de « tolérance » à son égard est ressentie comme anachronique et choquante. On peut se montrer fier

Les tabous s'effaçant (ci-dessous, boîte de nuit gay ; page de gauche en bas, homosexuelles mimant un mariage), l'idée « gay » laisse place au combat *queer*. Loin des transsexuels qui exigeaient une opération qui leur rendrait leur « vrai » sexe, la théorie *queer* distingue genre et sexe, en réfutant le dilemme masculin / féminin, pour promouvoir un « *gender fucking* », ouvert à toutes les formes de comportement, y compris hétérosexuel.

d'être « gay » et le fêter le jour de la « Gay Pride », en mémoire des combats de Stonewall Inn qui avaient marqué en 1969 à New York les débuts de la lutte pour « le droit à la différence ».

Tabou, obsession ou art de vivre ?

Notre âge technologique et consumériste brouille les lignes de partage entre une pornographie de masse qui alimente le commerce numérique, une exploitation publicitaire du désir sexuel à la solde de l'industrie et ce que pourrait être un véritable érotisme, vecteur de culture, de liberté collective et d'épanouissement individuel. Pourtant, l'inspiration érotique hante notre présent intellectuel et artistique avec d'autant plus d'insistance qu'elle se trouve placée devant deux menaces qui l'obligent à se redéfinir.

Alors qu'on le croyait moribond, le plus vieil ennemi d'Éros est de retour et affiche une santé d'enfer : c'est l'inquisiteur barbu, le jeteur d'anathèmes et de fatwas, la figure millénaire du censeur iconoclaste qui exige le bûcher pour la luxure et ses images diaboliques. Mais à l'ennemi héréditaire s'ajoute désormais un nouvel adversaire au double visage juvénile et avenant : d'un côté, le marchand de plaisir virtuel, le pornographe communicationnel et, de l'autre, le prophète de l'orgasme quotidien, le pousse-à-jouir sans entraves qui profère l'injonction permanente au plaisir. Tabou ou obsession : laquelle des deux menaces est la plus dangereuse ? Et que penser de ces stéréotypes du désir qu'on nous administre à doses massives : aphrodisiaque ou camisole chimique ? Depuis toujours, l'érotisme se différencie de la pornographie

Stigmatisé comme le symbole de la dépravation occidentale, l'érotisme est instrumentalisé par la propagande islamiste radicale. Mais le rigorisme des dictatures qui voilent les femmes et restaurent la charia se traduit sur place par une scission entre l'espace public, assujetti à une censure médiévale, et un espace privé où l'on s'autorise les expériences sexuelles les plus désinhibées, en ironisant sur les interdits, comme le fait ici l'artiste Lamia Ziadé (*Great Syrian Nude*, exposé à « Sexy Souks », Paris, 2007).

comme l'art se distingue de la technique, et le désir, de la consommation. S'il ne reste plus d'interdit à renverser, à quel défi l'érotisme est-il aujourd'hui confronté, si ce n'est l'affirmation de cette différence qui fonde son identité ? À quoi tient-elle ?

L'érotisme ne s'oppose pas à la pornographie comme l'implicite à l'explicite, le gracieux au vulgaire, le doux au brutal. Le secret d'Éros n'est pas la dissimulation : son désir sanctifie tout. Non. C'est une affaire de rythme. Au cycle court du « tout, tout de suite » consumériste, l'érotisme oppose la durée et la médiation : le différé qui intensifie le désir, l'ailleurs d'une représentation qui le métamorphose en beauté, l'écart d'une échappée physique dans l'éternité. Si le bonheur est une idée neuve, l'érotisme en est la croyance : quelque chose comme une religion immanente pour notre planète.

L'érotisme reste peut-être la dernière *terra incognita* à conquérir et à humaniser, l'ultime frontière derrière quoi s'ouvre l'espace de l'amour fou, l'aventure avec un grand A : l'horizon où doit s'accomplir une forme encore inconnue de notre puissance et de notre liberté, un art d'aimer et du vivre ensemble qui fera de nous tous des artistes.

La pornographie zappe les médiations. Le luxe d'Éros, c'est la lenteur : un rêve de bonheur qui s'épanche résolument dans la réalité, avec ou sans *sex-toys*...

“Madame rêve d'atomiseurs / Et de cylindres si longs / Qu'ils sont les seuls / Qui la remplissent de bonheur / Madame rêve d'artifices / Des formes oblongues / Et de totems qui la punissent / Rêve d'archipels / De vagues perpétuelles / Sismiques et sensuelles / D'un amour qui la flingue / D'une fusée qui l'épingle / Au ciel [...] / Madame rêve d'apesanteur / Des heures des heures / De voltige à plusieurs.”

Alain Bashung, 1995

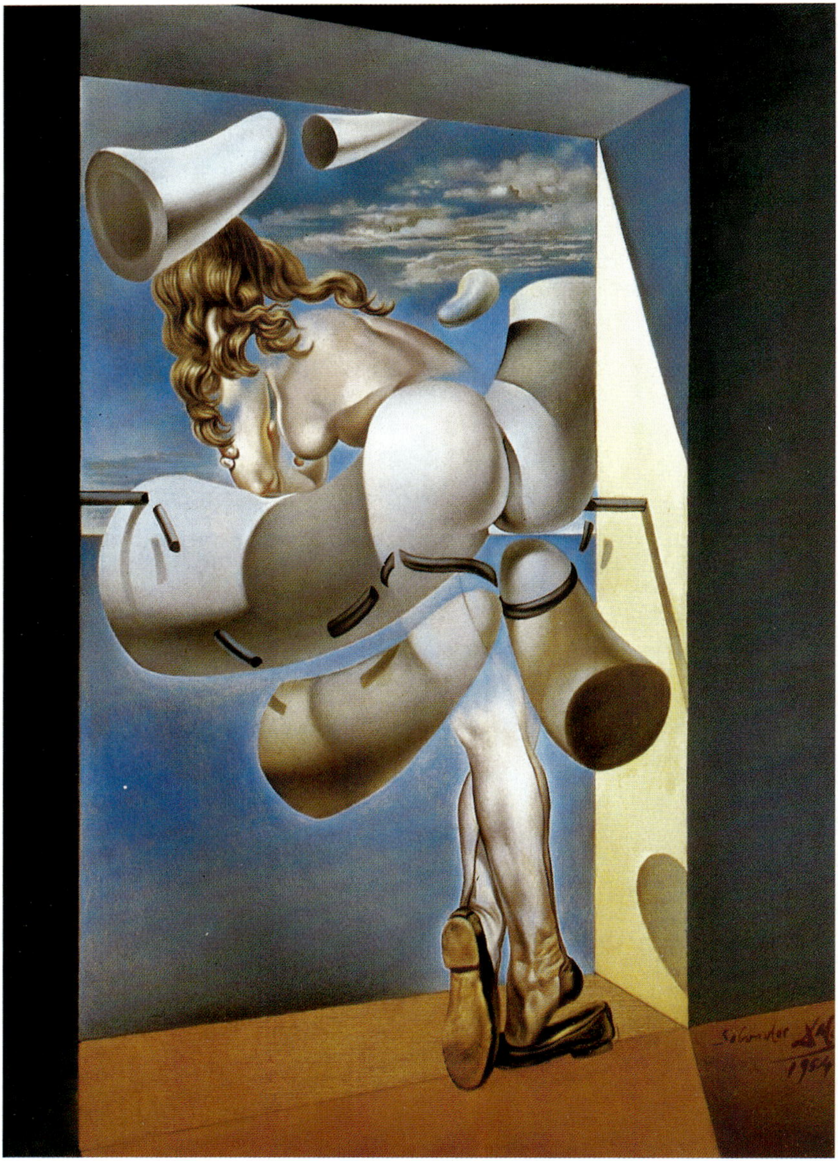

TÉMOIGNAGES ET DOCUMENTS

Éros de A à Z

D'Homère à aujourd'hui, l'érotisme traverse l'écriture littéraire avec une diversité, une exubérance, une obstination, une curiosité, un effroi, une espérance où se devine beaucoup plus que la permanence d'une thématique. C'est de la pulsion même des mots, du système nerveux du langage, du battement artériel des textes, qu'il est question ici à travers ce qui n'est, bien sûr, qu'un minuscule florilège de la littérature en proie à la fièvre d'Éros.

Air

L'oxygène agit sur moi comme un aphrodisiaque. Je ressens ma nudité plus complète en plein air que dans une pièce fermée. [...] La moindre caresse capable de réveiller ce passage ignoré qui relie la petite dépression anale au triangle où se rejoignent les grandes lèvres, cette ornière méprisée entre le trou du cul et l'embrasure du con, est une de celles qui m'assujettissent le plus sûrement et [...] l'air rendu palpable à cet endroit m'enivre plus que la haute altitude. J'aime offrir l'écartement de mes fesses et de mes jambes à la circulation de l'air. [...] Il doit bien y avoir un lien intrinsèque entre l'idée de se déplacer dans l'espace, de voyager, et l'idée de baiser, sinon cette expression très répandue « s'envoyer en l'air » n'aurait pas été inventée. [...] Les terrasses, les bords de route, les campagnes rases, et tous ces espaces conçus uniquement pour être traversés, halls ou parking, [...] sont des lieux [...] où il fait bon pour moi d'être, à l'instar de ce qu'ils sont, ouverte.

Catherine Millet,
La Vie sexuelle de Catherine M.,
Seuil, 2001

Apprentissage

Le fait est que j'avouai à dame Marguerite que ce qu'elle croyait m'apprendre ce jour-là, dame Suzon me l'avait appris un peu diversement, à la vérité, il y avait trois ou quatre jours. Le fait est qu'elle me dit : « Quoi !, c'est Suzon et non pas moi ?... » Le fait est que je lui répondis : « Ce n'est ni l'une ni l'autre. » [...] Le fait est qu'après quelque temps de repos et de silence, je me trouvai ni elle dessous, ni moi dessus, ni elle dessus, ni moi dessous ; car nous étions l'un et l'autre sur le côté ; qu'elle avait la tête penchée en devant et les deux fesses collées contre mes deux cuisses. Le fait est que si j'avais été moins savant, la bonne dame Marguerite m'aurait appris tout ce qu'on peut apprendre [...].

Le Maître : Et tu n'as pas revu ces femmes ?

Jacques : Pardonnez-moi, plus d'une fois.

Le Maître : Toutes deux ?

Jacques : Toute deux.

Le Maître : Elles ne se sont pas brouillées ?

Jacques : Utiles l'une à l'autre, elles s'en sont aimées davantage.

Denis Diderot,
Jacques le Fataliste et son maître, 1796

Arbre

Je me suis dévêtue pour monter à un arbre ; mes cuisses nues embrassaient l'écorce lisse et humide ; mes sandales marchaient sur les branches.

Tout en haut, mais encore sous les feuilles et à l'ombre de la chaleur, je me suis mise à cheval sur une fourche écartée en balançant les pieds dans le vide.

Il avait plu. Des gouttes d'eau tombaient et coulaient sur ma peau. Mes mains étaient tachées de mousse, et mes orteils étaient rouges, à cause des fleurs écrasées.

Je sentais le bel arbre vivre quand le vent passait au travers ; alors je serrais mes jambes davantage et j'appliquais mes lèvres ouvertes sur la nuque chevelue d'un rameau.

Pierre Louÿs, « L'Arbre »,
Les Chansons de Bilitis, 1894

Baisers

[…] Baise m'encor, rebaise moy et baise :
Donne m'en un de tes plus savoureus,
Donne m'en un de tes plus amoureus :
Je t'en rendray quatre plus chaus que braise.
Las, te plains-tu ? Çà que ce mal j'apaise,
En t'en donnant dix autres doucereus,
Ainsi meslans nos baisers tant heureus
Jouissons nous l'un de l'autre à notre aise […].

Louise Labé,
Sonnets et Élégies, 1556

Bijoux

La très-chère était nue et connaissant mon cœur,
Elle n'avait gardé que ses bijoux sonores,
Dont le riche attirail lui donnait l'air vainqueur
Qu'ont dans leurs jours heureux les esclaves des Mores.
Quand il jette en dansant son bruit vif et moqueur,
Ce monde rayonnant de métal et de pierre
Me ravit en extase, et j'aime à la fureur
Les choses où le son se mêle à la lumière.
Elle était donc couchée et se laissait aimer,
Et du haut du divan elle souriait d'aise
À mon amour profond et doux comme la mer,
Qui vers elle montait comme vers sa falaise.
Les yeux fixés sur moi, comme un tigre dompté,
D'un air vague et rêveur elle essayait des poses,
Et la candeur unie à la lubricité
Donnait un charme neuf à ses métamorphoses ;
Et son bras et sa jambe, et sa cuisse et ses reins,
Polis comme de l'huile, onduleux comme un cygne,
Passaient devant mes yeux clairvoyants et sereins ;
Et son ventre et ses seins, ces grappes de ma vigne,
S'avançaient, plus câlins que les Anges du mal,
Pour troubler le repos où mon âme était mise,
Et pour la déranger du rocher de cristal
Où, calme et solitaire, elle s'était assise […].

Charles Baudelaire, « Les Bijoux »,
Les Fleurs du Mal, 1857

Caresses

Je ne faisais rien d'autre que de promener mes doigts sur ses seins, en remontant du bas vers les pointes, et je la sentais vibrer contre moi. Ses fesses rondes et chaudes se logeaient étroitement en haut de mes cuisses et elle respirait rapidement.

– Voulez-vous que j'éteigne ? murmurai-je.

– Non, dit Jean. Je préfère comme ça.

Je dégageai ma main gauche de dessous son corps et j'écartai ses cheveux sur l'oreille droite. Beaucoup de gens ignorent ce que l'on peut faire d'une femme en lui embrassant et en lui mordillant une oreille, c'est un fameux truc. Jean se tordit comme une anguille.

– Ne me faites pas ça.

Je m'arrêtai aussitôt, mais elle me saisit le poignet et me serra avec une force extraordinaire.

– Faites-le encore.

Je recommençai plus longuement, et je la sentis se raidir tout d'un coup, puis se détendre et laisser retomber sa tête. Ma main glissa le long de son ventre […]. Je me mis à lui parcourir le cou de baisers rapides à peine effleurés. Je voyais sa peau se tendre à mesure que je progressais vers sa gorge. Et puis, tout doucement, je pris mon sexe et j'entrai en elle […] Mais elle se dégagea d'un léger coup de reins.

– Je vous ennuie ? dis-je.

– Caressez-moi encore. Caressez-moi toute la nuit.

Boris Vian, *J'irai cracher sur vos tombes*, 1946

Chasteté

Oui, c'est pour moi, pour moi, que je fleuris, déserte !
[…] J'aime l'horreur d'être vierge et je veux
Vivre parmi l'effroi que me font mes cheveux
Pour, le soir, retirée en ma couche, reptile
Inviolé, sentir en la chair inutile
Le froid scintillement de ta pâle clarté,
Toi qui te meurs, toi qui brûles de chasteté,
Nuit blanche de glaçons et de neige cruelle !

Stéphane Mallarmé, « *Hérodiade* », *Poésies*, 1870

Chevelure

Laisse-moi respirer longtemps, longtemps, l'odeur de tes cheveux, y plonger tout mon visage, comme un homme altéré dans l'eau d'une source […].

Dans l'ardent foyer de ta chevelure, je respire l'odeur du tabac mêlé à l'opium et au sucre ; dans la nuit de ta chevelure, je vois resplendir l'infini de l'azur tropical ; sur les rivages duvetés de ta chevelure je m'enivre des odeurs combinées du goudron, du musc et de l'huile de coco.

Laisse-moi mordre longtemps tes tresses lourdes et noires. Quand je mordille tes cheveux élastiques et rebelles, il me semble que je mange des souvenirs.

Charles Baudelaire, « Un hémisphère dans une chevelure », *Le Spleen de Paris*, 1862

Con

Entre les poils frisés comme la chair est belle sous cette broderie bien partagée par la hache amoureuse, amoureusement la peau apparaît pure, écumeuse, lactée. Et les plis joints d'abord des grandes lèvres bâillent. Charmantes lèvres, votre bouche est pareille à celle d'un visage qui se penche sur un dormeur, non pas transverse et parallèle à toutes les bouches du monde, mais fine et longue, et cruciale aux lèvres parleuses qui la tentent dans leur silence, prête à un long baiser ponctuel, lèvres adorables qui avez su donner aux baisers un sens nouveau et terrible, un sens à jamais perverti.

Louis Aragon, *Le Con d'Irène*, 1928

Couleurs

L'étoile a pleuré rose au cœur de tes oreilles,
L'infini roulé blanc de ta nuque à tes reins
La mer a perlé rousse à tes mammes vermeilles
Et l'Homme saigné noir à ton flanc souverain.

Arthur Rimbaud, 1871

Consentement

Avant tout, que ton esprit soit persuadé que toutes les femmes veulent être prises ; tu les prendras […] Celle même, dont tu pourras croire qu'elle ne veut pas, voudra. L'amour coupable est agréable à l'homme ; il l'est aussi à la femme : [mais] l'homme sait mal dissimuler, la femme cache mieux ses désirs. Si le sexe fort s'entendait pour ne pas faire les avances, la femme, vaincue, prendrait bientôt le rôle de les faire.

Ovide, *L'Art d'aimer*, I [an 1], Les Belles Lettres, 1960, Trad. H. Bornecque

Corps

Dans la petite cour, à deux pas devant elle, l'homme était en train de se laver, inconscient d'aucune présence étrangère. Il avait le torse nu ; sa culotte de futaine glissait le long de ses reins étroits. Et son dos mince et blanc était penché sur une cuvette d'eau de savon où il se trempait la tête, qu'il secouait d'un petit mouvement étrange et rapide, levant ses bras minces et blancs, pressant l'eau de savon hors de ses oreilles, rapide, subtil comme une belette qui joue avec l'eau et sûr d'être tout à fait seul. Constance revint devant la maison et rentra dans le bois. En dépit d'elle-même, elle était vivement émue. Après tout, ce n'était qu'un homme en train de se laver. Rien de plus ordinaire.

Et pourtant, curieusement, ce fut pour elle une véritable vision : elle en avait été comme frappée au milieu du corps. Elle voyait la lourde culotte glissant des reins purs, délicats, blancs où les os se voyaient un peu ; et ce sentiment de solitude d'une créature si parfaitement seule la bouleversait. Nudité parfaite, pure, solitaire, d'un être qui vit seul, et seul aussi en lui-même. Et, au-delà encore, la beauté d'un être pur ; non pas la matière de la beauté, pas même le corps de la beauté, mais une irradiance, la flamme chaude, blanche d'une vie solitaire révélée en contours d'une vie qu'on pouvait toucher : un corps !

D. H. Lawrence, *L'Amant de Lady Chatterley*, 1928, Gallimard, 1932, Trad. de l'anglais par F. Roger-Cornaz, préface d'André Malraux

Cunnilingus

L'inconnu s'était assis sur le rebord du lit, il avait saisi et lentement ouvert, en tirant sur la toison, les lèvres qui protégeaient le creux du ventre. […] Cette caresse qu'elle n'acceptait jamais sans se débattre et sans être comblée de honte, et à laquelle elle se dérobait aussi vite qu'elle pouvait, si vite qu'elle avait à peine le temps d'en être atteinte, et qui lui semblait sacrilège, parce qu'il lui semblait sacrilège que son amant fût à ses genoux, alors qu'elle devait être aux siens, elle sentit soudain qu'elle n'y échapperait pas, et se vit perdue. Car elle gémit quand les lèvres étrangères, qui appuyaient sur le renflement de chair d'où part la corolle intérieure, l'enflammèrent brusquement, le quittèrent pour laisser la pointe chaude de la langue l'enflammer davantage ; elle gémit plus fort quand les lèvres la reprirent ; elle sentit durcir et se dresser la pointe cachée, qu'entre les dents et les lèvres une longue morsure aspirait et ne lâchait plus, une longue et douce morsure, sous laquelle elle haletait […].

Pauline Réage, *Histoire d'O*, Jean-Jacques Pauvert, 1954

Danse

Mais il arriva du fond de la salle un bourdonnement de surprise et d'admiration. Une jeune fille venait d'entrer. Sous un voile bleuâtre lui cachant la poitrine et la tête, on distinguait les arcs de ses yeux […] et d'une manière indolente elle faisait claquer de petites pantoufles en duvet de colibri. Sur le haut de l'estrade, elle retira son voile. […] Puis elle se mit à danser. […] Ses attitudes exprimaient des soupirs, et toute sa personne une telle langueur qu'on ne savait pas si elle pleurait un dieu, ou se mourait dans sa caresse. Les paupières entre-closes, elle se tordait la taille, balançait son ventre avec des ondulations de houle, faisait trembler ses deux seins, et son visage demeurait immobile, et ses pieds n'arrêtaient pas. […] Puis ce fut l'emportement de l'amour qui veut être assouvi. Elle dansa comme les prêtresses des Indes, comme les Nubiennes des cataractes, comme les Bacchantes de Lydie. […] Une harpe chanta ; la multitude y répondit par des acclamations. Sans fléchir ses genoux en écartant les jambes, elle se courba si bien que son menton frôlait le plancher ; et les nomades habitués à l'abstinence, les soldats de Rome experts en débauches, les avares publicains, les vieux prêtres aigris par les disputes, tous, dilatant leurs narines, palpitaient de convoitise. Ensuite elle tourna autour de la table d'Antipas, frénétiquement,comme le rhombe des sorcières ; et d'une voix que des sanglots de volupté entrecoupaient, il lui disait: […] « Viens ! viens ! Tu auras Capharnaüm ! la plaine de Tibérias ! mes citadelles ! la moitié de mon royaume ! »

Elle se jeta sur les mains, les talons en l'air, parcourut ainsi l'estrade comme un grand scarabée ; et s'arrêta brusquement.

Sa nuque et ses vertèbres faisaient un angle droit. […] Ses lèvres étaient peintes, ses sourcils très noirs, ses yeux presque terribles, et des gouttelettes à son front semblaient une vapeur sur du marbre blanc.

[…] En zézayant un peu, [Salomé] prononça ces mots, d'un air enfantin.

« Je veux que tu me donnes dans un plat… la tête… » Elle avait oublié le nom, mais reprit en souriant : « La tête de Iaokanann ! »

Gustave Flaubert, « Hérodias », *Trois contes*, 1877

Démon

DIOTIME : Éros est un intermédiaire entre le mortel et l'immortel. […] C'est un grand démon, Socrate. En effet, tout ce qui présente la nature d'un démon est intermédiaire entre le divin et le mortel. […] Il faut savoir que le jour où naquit Aphrodite, les dieux festoyaient ; parmi eux, se trouvait le fils de Métis, Poros. Or, quand le banquet fut terminé, arriva Pénia [la Pauvreté] […]. Alors Pénia, dans sa pénurie, eut le projet de se faire faire un enfant par Poros ; elle s'étendit près de lui et devint grosse d'Éros. Si Éros est devenu le suivant d'Aphrodite et son servant, c'est bien parce qu'il a été engendré lors des fêtes données en l'honneur de la naissance de la déesse ; et si en même temps il est amoureux du beau, c'est parce qu'Aphrodite est belle.
Puis donc qu'il est le fils de Poros et de Pénia, Éros se trouve dans la condition que voici. D'abord, il est toujours pauvre, et il s'en faut de beaucoup qu'il soit délicat et beau, comme le croit la plupart des gens. Au contraire, il est rude […], dormant à la belle étoile sur le pas des portes et sur le bord des chemins, car, puisqu'il tient de sa mère, c'est l'indigence qu'il a en partage. À l'exemple de son père en revanche, il est à l'affût de ce qui est beau et de ce qui est bon, il est viril, résolu, ardent, c'est un chasseur redoutable ; il ne cesse de tramer des ruses, il est passionné de savoir et fertile en expédients, il passe tout son temps à philosopher, c'est un sorcier redoutable, un magicien et un expert.
Il faut ajouter que par nature il n'est ni immortel ni mortel. En l'espace d'une même journée, tantôt il est en fleur, plein de vie, tantôt il est mourant ; puis il revient à la vie quand ses expédients réussissent en vertu de la nature qu'il tient de son père ; mais ce qui lui procure ses expédients sans cesse lui échappe ; aussi Éros n'est-il jamais ni dans l'indigence ni dans l'opulence.

Platon, *Le Banquet*, vers 380 av. J.-C.

Déshabiller

Elle se déshabillait brutalement, arrachant le lacet mince de son corset, qui sifflait autour de ses hanches comme une couleuvre qui glisse. Elle allait sur la pointe de ses pieds nus regarder encore une fois si la porte était fermée, puis elle faisait d'un seul geste tomber ensemble tous ses vêtements ; et, pâle, sans parler, sérieuse, elle s'abattait contre sa poitrine, avec un long frisson.

Cependant, il y avait sur ce front couvert de gouttes froides, sur ces lèvres balbutiantes, dans ces prunelles égarées, dans l'étreinte de ces bras, quelque chose d'extrême, de vague et de lugubre, qui semblait à Léon se glisser entre eux, subtilement, comme pour les séparer.

Gustave Flaubert, *Madame Bovary*, III, 6, 1857

Éphémère

J'ai tout quitté pour l'ingrate Sylvie,
Elle me quitte et prend un autre amant.
Plaisir d'amour ne dure qu'un moment,
Chagrin d'amour dure toute la vie.

Plaisir d'amour, chanson de Jean-Pierre Claris de Florian (1755-1794)

Exhibitionnisme

Athéna dont l'œil étincelle eut une idée : qu'Ulysse s'éveilla, qu'il vît la fille au beau visage, qu'elle le conduise à la ville des Phéaciens. Par la reine lancée à l'une des suivantes, la balle, s'échappant, tomba dans un profond remous ; aux cris des jeunes filles, Ulysse s'éveilla [...].

On aurait dit la voix fraîche de jeunes filles, de ces nymphes peut-être, ayant les cimes pour empire, les sources des rivières et l'herbe des prairies... « Ou vais-je retrouver des créatures à voix humaine ? Allons plutôt tenter de l'apprendre nous-même ! » Ayant ainsi parlé, Ulysse émergea des broussailles.

Dans l'épaisse verdure, il tailla de sa grosse main une branche feuillue pour cacher sa virilité [...] ainsi Ulysse allait aborder, quoique nu, les jeunes filles aux beaux cheveux : le besoin l'y forçait.

Effroyable, il parut, défiguré par la saumure, et toutes s'égaillèrent vers l'extrême pointe des grèves. Seule resta l'enfant d'Alcinoos ; car Athéna lui donnait du courage et chassait la peur de ses membres. Elle était immobile ; en face d'elle, il hésitait s'il prendrait aux genoux la jeune fille au beau visage ou dirait à distance des mots doux comme le miel pour l'implorer de le vêtir et conduire à la ville.

Homère, *L'Odyssée*, chant VI
[fin du VIIIe siècle av. J.-C.]

Extase

L'Époux fait fermer les portes des demeures, et même celles du château et de son enceinte, dès qu'il veut élever l'âme au ravissement. On perd la respiration de telle sorte que, si parfois on garde encore quelque temps l'usage des sens, il est absolument impossible de parler. D'autres fois, l'usage des sens cesse aussitôt, les mains se refroidissent, et le froid gagne tellement le corps qu'il semble séparé de l'âme ; parfois même on ne peut distinguer s'il respire. Cela ne dure guère, je veux dire dans le même état. Car ce grand ravissement venant à se ralentir, le corps semble revenir un peu à lui-même et reprendre haleine pour mourir de nouveau et donner à l'âme plus de vie. Malgré tout, une si grande extase n'est pas de longue durée. Cependant, bien qu'elle soit passée, il arrive que la volonté reste tellement enivrée, que l'entendement, qui est si absorbé durant un jour et même plusieurs jours, est incapable, ce semble, de rien comprendre en dehors de ce qui peut exciter la volonté à aimer.

Thérèse d'Ávila,
Le Château de l'âme,
« Sixièmes demeures », 4, 1577

Fantasme

Hélène me servait son perpétuel jambon, ses pâtés de mousquetaire ; mon désir n'avait pas décru, il me pesait au ventre pendant que je mangeais. Je battais la campagne, je passais les bornes. J'imaginais, dans la salle de sang de bœuf aux odeurs de mégot, de futaille, de salpêtre, tous les buveurs partis vers la nuit noire à quoi nul ne résiste, la buraliste cédant aussi à cet appel, se dressant sur son lit, jetant son imper sur son dos pour accourir là en tordant ses chevilles sur ses hauts talons, la reine, entrant comme le vent, à deux mains tremblantes ouvrant l'imper, et, à ma seule disposition sous l'œil réfléchi d'Hélène derrière son comptoir, jetée nue sur les tables poissées, sur le flipper éteint, y secouant ses sequins, y perdant ses yeux blancs, dans toutes les postures enfin où se puissent le plus largement connaître son poil corbeau, ses cuisses orgeat, ses fesses de nacre, jouissant immodérément sous un renard, ses cris d'orfraie tombant, dévalant la falaise, étonnant les braconniers accroupis sur la Beune. Je l'étripais.

Pierre Michon,
La Grande Beune,
Éditions Verdier, 1996

Feinte

Même toi, à qui la nature a refusé les sensations de l'amoureux plaisir, feins, par des inflexions mensongères, de goûter les douces joies. Combien il faut plaindre la femme chez laquelle reste insensible cet organe, qui doit procurer des jouissances à la femme comme à l'homme ! Mais que cette feinte ne se laisse pas déceler ! Que tes mouvements et l'expression même de tes yeux réussissent à nous tromper ! Que la volupté, que les mots, que la respiration haletante en donnent bien l'illusion !

Ovide, *L'Art d'aimer*, III [an 1], *op. cit.*

Fellation

Dans la chambre Pauline est nue, les yeux bandés, agenouillée, mains dans le dos, attachée au radiateur.

J'ai donné rendez-vous à dix hommes, à un quart d'heure d'intervalle chacun.

Ils entrent dans la chambre, ouvrent leur pantalon et mettent leur queue dans sa bouche.

Suce.

Quand ça ne va pas comme ils veulent, ils la giflent. La collent à leur queue en empoignant les cheveux. Elle doit lécher leurs couilles.

Dix minutes chacun. Avant de partir, ils lui passent un gant de toilette sur le visage, ils lui font boire un verre d'eau.

Claudine Galea,
Le Bel Échange,
Éditions du Rouergue, 2005

Fessée

Comme Mlle Lambercier avait pour nous l'affection d'une mère, elle en avait aussi l'autorité, et la portait quelquefois jusqu'à nous infliger la punition des enfants [...] j'avais trouvé dans la douleur, dans la honte même, un mélange de sensualité qui m'avait laissé plus de désir que de crainte de l'éprouver derechef par la même main. Il est vrai que, comme il se mêlait sans doute à cela quelque instinct précoce du sexe, le même châtiment reçu de son frère ne m'eût point du tout paru plaisant. [...] Mais cette seconde fois fut aussi la dernière, car Mlle Lambercier, s'étant sans doute aperçue à quelque signe que ce châtiment n'allait pas à son but, déclara qu'elle y renonçait et qu'il la fatiguait trop. Nous avions jusque-là couché dans sa chambre, et même en hiver quelquefois dans son lit. Deux jours après on nous fit coucher dans une autre chambre, j'eus désormais l'honneur, dont je me serais bien passé d'être traité par elle en grand garçon.

Qui croirait que ce châtiment d'enfant, reçu à huit ans par la main d'une fille de trente, a décidé de mes goûts, de mes désirs, de mes passions, de moi pour le reste de ma vie [...]. Tourmenté longtemps sans savoir de quoi, je dévorais d'un œil ardent les belles personnes ; mon imagination me les rappelait sans cesse, uniquement pour les mettre en œuvre à ma mode, et en faire autant de demoiselles Lambercier.

Jean-Jacques Rousseau,
Les Confessions, 1782

Fesses

...] Quand venait, l'œil brun, folle,
en robes d'indiennes,
– Huit ans, – la fille des ouvriers d'à côté,
La petite brutale, et qu'elle avait sauté,
Dans un coin, sur son dos, en secouant
ses tresses,
Et qu'il était sous elle, il lui mordait
les fesses,
Car elle ne portait jamais de pantalons ;
– Et, par elle meurtri des poings et
des talons,
Remportait les saveurs de sa peau dans
sa chambre. [...]

Arthur Rimbaud,
Les Poètes de sept ans, 1871

Flaveurs

Tu me rends fou, ma sœur, ô fiancée,
tu me rends fou par une seule de tes
œillades,
par un seul cercle de tes colliers.
Que tes caresses sont belles, ma sœur,
ô fiancée !
Que tes caresses sont meilleures que
du vin,
et la senteur de tes parfums, que tous
les baumes !
Tes lèvres distillent du nectar, ô fiancée ;

du miel et du lait sont sous ta langue ;
et la senteur de tes vêtements
est comme la senteur du Liban.
Tu es un jardin verrouillé, ma sœur,
ô fiancée ;
une source verrouillée,
une fontaine scellée !
Tes surgeons sont un paradis de grenades
[...].

Le Cantique des cantiques, IV, 9-14

Fouetter

– Qui fouettes-tu, mon frère ? dit la demoiselle.

– Je voudrais que ce fût Justine.

– Cette jolie fille t'échauffe terriblement la tête ?

– Tu l'as vu, ma sœur ; je t'ai foutue cette nuit deux coups, et je ne déchargeais que pour elle… je lui crois le plus délicieux cul… tu n'imaginerais pas le désir que j'ai de le voir. [...]

Et ici Rodin leva par-derrière les jupons de sa sœur, et lui claqua les fesses assez fortement à plusieurs reprises.

– Branle-moi, Célestine, lui dit-il ; mets-moi en train.

Et notre homme, s'asseyant sur un fauteuil, place son vit mollet dans les mains de sa sœur, qui, en deux ou trois tours de main, lui rendit bientôt toute son énergie. [...]

– Prends des verges, dit Rodin en se relevant, et viens t'égayer sur mon cul ; il n'est point de cérémonies au monde qui me mette plus en train que celle-là. J'ai besoin d'y être ce matin ; mon imagination est très allumée et je sens que mes forces ne la soutiennent pas.

Célestine ouvre une armoire, en tire une douzaine de poignées de verges, qu'elle étale sur une commode, et, choisissant la meilleure, elle vient en flageller son frère, qui se branle, qui s'extasie sous les coups qu'on lui porte, en s'écriant toujours à voix basse :

– Ah ! Justine, si je te tenais… mais je te tiendrai, Justine, tu y passeras ; il ne sera pas dit que je t'ai donné l'hospitalité pour rien… je brûle de voir ton cul, je le verrai… je le fouetterai, je le fouetterai, ce beau cul, Justine ; tu ne sais pas ce que sont mes désirs, quand le libertinage les allume.

Sade, *La Nouvelle Justine*, 1797

Godemiché

Godemiché n'était pas comme les hommes obligés de passer par les misères de l'enfance. Dès qu'il fut dans le sein de la jeune abbesse il s'électrisa et prit aussitôt l'âge de puberté. Le premier usage qu'il fit de son existence fut de glisser du corset de l'abbesse vers un endroit que la pudeur m'empêche de nommer dans un siècle où la décence est un si beau mot. L'abbesse tomba dans l'instant en extase, ses yeux mourants et presque fermés par le plaisir : un mouvement délicieux l'agitait voluptueusement à chaque secousse que lui donnait Godemiché, elle s'écriait : Ah !… ah ! j'expire… mon bon Jésus, est-il possible que ta bonté ait rendu tes créatures susceptibles de tels ravissements ? À peine Godemiché eut-il rempli de son onction la mère abbesse, qu'il s'envola sous le jupon d'une jeune novice : la nonne tomba à l'instant dans cet état charmant qui rend les mortels égaux aux dieux. Ah ! cœur, s'écria-t-elle, ô plaisir… je meurs… j'expire… attends… finis… non, continue… Un silence enchanteur succéda à ce barbouillage ; bref, Godemiché, comme un papillon volage, ou comme un Français, voltigea de nonnes en nonnes, les combla de plaisirs. Fatigué de tant d'exploits, le héros tomba à terre. Une vieille discrète le ramassa, et croyant le ranimer dans son sein comme elle avait vu faire à son abbesse, elle ne fit que hâter le moment de son trépas : le valeureux Godemiché, épuisé de fatigue et saisi par le froid qui le prit subitement dans les tétons secs de la douairière, expira. L'abbesse et les nonnes, revenues de leur extase où le plaisir les avait plongées, demandèrent où était le dieu qui les avait enchantées. La vieille le tira de son sein et leur montra le pauvre Godemiché sans vie : à ce spectacle, elles versèrent un torrent de larmes ; l'amour, ce vrai consolateur du monde, leur donna l'idée de faire une figure semblable à celle du défunt. On la fit d'abord de chamois, quelque temps après de velours, et les siècles perfectionnèrent tellement l'instrument qu'on introduisit dans son sein un petit réservoir de lait chaud qu'un piston artistement construit élance avec vigueur dans le séjour constant de plaisirs ; depuis ce temps, l'image sert de réalité : la figure du mort a passé dans tous les couvents où il a pris le nom honnête de bréviaire du diocèse.

Abbé du Laurens,
L'Arétin moderne, II, 1763

Huître

Quand nous en fûmes au jeu des huîtres d'une bouche à l'autre, je chicanais Armelline sur ce qu'avant que je prisse mon huître dans sa bouche, elle en avalait l'eau. Je convins qu'il était difficile de faire autrement, mais je m'offris à leur montrer comment il fallait arrêter l'eau, en lui faisant un rempart avec la langue. Cela me fournit l'occasion du jeu des langues que je n'expliquerai pas, parce que tous les vrais amants le connaissent, et Armelline s'y prêta avec tant de complaisance, et si longtemps, qu'il me fut aisé de deviner qu'elle y prenait autant de plaisir que moi, quoiqu'elle convînt que le jeu était des plus innocents.

Ce fut par hasard qu'une belle huître que je mettais dans la bouche d'Émilie glissa de la coquille et tomba dans sa gorge. Elle voulait l'enlever avec ses doigts, mais je la réclamai de droit, et elle dut céder, se laisser délacer et me permettre de la recueillir avec les lèvres, du fond où elle s'était arrêtée. Elle ne put s'opposer à se laisser découvrir entièrement ; mais je ramassai l'huître d'une façon à ne laisser soupçonner d'aucune manière que j'éprouvasse d'autre plaisir que celui de reprendre mon huître.

Giacomo Casanova,
Histoire de ma vie, III
[Leipzig, 1822-1828],
1re publication en France,
1960

Igloo

Dans cette proximité de l'iglou (2 m² par personne) qui pourrait interdire toute vie privée, la discrétion est un trait inné du savoir-vivre esquimau. [...] L'Esquimau et l'Esquimaude n'ont aucun orgasme bruyant : pas de cri, pas d'agitation ; à peine un souffle et un rythme respiratoire plus élevé, et, même dans le sommeil général de l'iglou, il est rare qu'il soit perçu. [...] Le nouveau marié est à ce point discret qu'il préfère s'éloigner du village – sous un prétexte de chasse quelconque – pour ses premiers rapports avec sa jeune épousée : il semble bien qu'il lui serait, au milieu du groupe, impossible – ou bien pénible – de faire tomber ses propres masques (ou ses propres inhibitions), comme d'ailleurs ceux – ou celles – de sa jeune femme. Bien souvent d'ailleurs, le fait même d'être seul, loin des siens, avec celle qui vient de devenir sa femme n'est pas encore suffisant pour qu'il parvienne à ses fins : il lui faut la battre pour oser enfin l'approcher, la saisir et la pénétrer.

[...] Quand, après des années de confiance, l'Esquimau veut bien se laisser aller à parler sans jouer un rôle, il dira, comme me confiait X. (d'Iglulik) : « Je la caresse sur le ventre, les reins, les seins et les tétons », et il ajoute : « S'embrasser ? (Kunik : toujours sur le nez et sur le bout du nez) : c'est très agréable et excitant, c'est notre manière – jamais sur la bouche, c'est dégoûtant. Je fais toujours l'amour soit couché sur elle et, quand elle est enceinte, sur le côté. Jamais, bien sûr, je ne caresse du doigt le vagin ou l'anus ; ma femme repousserait ma main avec violence : elle aurait le sentiment que cela peut la faire mourir, ou donner naissance à des enfants difformes. Et je serais inquiet d'en être responsable. Du reste, nous n'avons de désir qu'à des saisons particulières – tout spécialement au printemps. » Et X. précise : « D'ailleurs, pendant la chasse, je n'ai jamais aucun désir ; c'est comme si la chasse, justement, m'emportait le désir… et tant mieux ; tu le sais, les Inuits ne se masturbent pas ; cela retirerait toute leur force… » [...].

Il arrive aux jeunes adolescents esquimaux de chercher une excitation sexuelle en se pendant sur le bord d'une petite falaise à une lanière de cuir qu'ils tendent entre deux caisses ; puis ils se serrent eux-mêmes le cou jusqu'au bord de l'étouffement comme s'ils ne pouvaient parvenir autrement à une complète jouissance. On sait que la pendaison peut donner une excitation sexuelle extraordinaire (les pendus étant fréquemment trouvés en état d'érection). Nombre d'accidents se sont ainsi produits à Thulé : le jeune homme n'ayant pu trouver la force ou le temps de se dégager. Des chasseurs m'ont affirmé que cette demi-pendaison donnait une sorte de seconde vue. Il ne faut pas oublier non plus avant de conclure que bien des jeunes ne parviennent pas à trouver des filles avant le mariage. Quelques cas – très rares – de bestialité avec des chiens ou des phoques pourraient s'expliquer ainsi. Ils ne m'ont été signalés que dans l'Arctique oriental canadien.

Jean Malaurie,
Les Derniers Rois de Thulé,
Plon, coll. « Terre humaine », 1955

Inceste

L'une avait quinze ans, l'autre en avait seize ;
Toutes deux dormaient dans la même chambre
C'était par un soir très lourd de septembre
Frêles, des yeux bleus, des rougeurs de fraise.
Chacune a quitté, pour se mettre à l'aise,
La fine chemise au frais parfum d'ambre,
La plus jeune étend les bras, et se cambre,
Et sa sœur, les mains sur ses seins, la baise,
Puis tombe à genoux, puis devient farouche
Et tumultueuse et folle, et sa bouche
Plonge sous l'or blond, dans les ombres grises ;
Et l'enfant, pendant ce temps-là, recense
Sur ses doigts mignons des valses promises.
Et, rose, sourit avec innocence.

Paul Verlaine, « Pensionnaires »,
in *Parallèlement*, 1889

Initiation

– Qu'elle est belle ! s'écriait la tribade… Oh ! sacredieu, qu'elle est intéressante ! Secoue-moi, Euphrosine, branle-moi, mon amour ; je veux mourir enivrée de son foutre ! Changeons, varions tout cela, s'écriait-elle le moment d'après ; chère Euphrosine, tu dois m'en vouloir ; je ne pense pas à te rendre tous les plaisirs que tu me donnes… Attendez, mes petits anges, je vais vous branler toutes les deux à la fois.

– Elle nous place sur le lit, à côté l'une de l'autre ; par ses conseils nos mains se croisent, nous nous polluons réciproquement. Sa langue s'introduit d'abord dans l'intérieur du con d'Euphrosine, et de chacune de ses mains elle nous chatouille le trou du cul ; elle quitte quelquefois le con de ma compagne pour venir pomper le mien, et recevant ainsi chacune trois plaisirs à la fois, vous jugez si nous déchargions. […]

– Rendez-moi tout ce que je vous fais, disait-elle, branlez-moi toutes les deux ; je serai dans tes bras, Juliette, je baiserai ta bouche, nos langues se refouleront… se presseront… se suceront. Tu m'enfonceras ce godemiché dans la matrice, poursuit-elle en m'en donnant un ; et toi, mon Euphrosine, tu te chargeras du soin de mon cul, tu me le branleras avec ce petit étui ; infiniment plus étroit que mon con, c'est tout ce qu'il lui faut… Toi, ma poule, continua-t-elle en me baisant, tu n'abandonneras pas mon clitoris ; c'est le véritable siège du plaisir dans les femmes : frotte-le jusqu'à l'égratigner, je suis dure… je suis épuisée, il me faut des choses fortes ; je veux me distiller en foutre avec vous, je veux décharger vingt fois de suite si je le puis. […]

– Oui, répondit Mme Delbène, oui, je veux me charger de son éducation, je veux dissiper dans elle, comme je l'ai fait dans toi, ces infâmes prestiges religieux qui troublent toute la félicité de la vie, je veux la ramener aux principes de la nature, et lui faire voir que toutes les fables dont on a fasciné son esprit ne sont faites que pour le mépris. Déjeunons, mes amies, restaurons-nous ; lorsqu'on a beaucoup déchargé, il faut réparer ce qu'on a perdu.

Sade, *Histoire de Juliette*, [1801 ?]

Infidélité

Si tes actes, quoique bien cachés, viennent à se découvrir, même découverts, nie-les jusqu'au bout. Ne sois ni soumis ni plus caressant qu'à l'ordinaire ; ce sont là de fortes marques d'un cœur coupable. Mais n'épargne pas tes reins ; la paix est à ce seul prix : c'est le lit qui doit prouver que tu n'as pas auparavant goûté les plaisirs de Vénus.

Ovide, *L'Art d'aimer*, II [an 1], *op. cit.*

Jouir

Crois-moi, il ne faut pas hâter le terme de la volupté, mais y arriver insensiblement après des retards qui la diffèrent. Quand tu auras trouvé l'endroit que la femme aime à sentir caressé, la pudeur ne doit pas t'empêcher de le caresser. Tu verras les yeux de ton amie briller d'un éclat tremblant, comme il arrive souvent aux rayons du soleil reflétés par une eau transparente. Puis viendront des plaintes, viendra un tendre murmure et de doux gémissements et les paroles qui conviennent à l'amour. Mais ne va pas, déployant plus de voiles que [ton amie], la laisser en arrière, ou lui permettre de te devancer dans ta marche. Le but, atteignez-le en même temps ; c'est le comble de la volupté, lorsque, vaincus tous deux, femme et homme demeurent étendus sans force.

Ovide, *L'Art d'aimer*, II [an 1], *op. cit.*

Kabuki

[…] Depuis quelque temps, je me sens étrangement attiré par les jeunes acteurs du Kabuki qui jouent le rôle de femmes […] Quand j'étais jeune, j'ai fait une étrange expérience de ce genre […] [avec] un splendide acteur de rôles féminins appelé Wakayama Chidori […] Tout se déroula à la perfection. Coucher avec lui était comme si l'on voulait coucher avec une geisha. Il était vraiment une femme et ne laissait pas croire un instant à son partenaire qu'il pût être un homme. Il se mit au lit dans un sous-vêtement de fine soie ; encore coiffé de sa perruque il posa sa tête sur l'oreiller de bois, la chambre restant dans la pénombre. Il avait une technique extrêmement habile ; ce fut une expérience vraiment singulière. Cependant, en fait, il n'était pas un hermaphrodite mais un mâle pourvu de magnifiques organes. Mais sa technique vous les faisait oublier.

Junichirô Tanizaki,
Journal d'un vieux fou, 1961,
Gallimard, 1991

Lèvres

Oui, des lèvres aussi, des lèvres savoureuses
Mais d'une chair plus tendre et plus fragile encor
Des rêves de chair rose à l'ombre des poils d'or
Qui palpitent légers sous les mains amoureuses.
Des fleurs aussi, des fleurs molles, des fleurs de nuit,
Pétales délicats alourdis de rosée
Qui fléchissent, pliés sur la fleur épuisée,
Et pleurent le plaisir, goutte à goutte, sans bruit.
Ô lèvres, versez-moi les divines salives
La volupté du sang, la chaleur des gencives
Et les frémissements enflammés du baiser
Ô fleurs troublantes, fleurs mystiques, fleurs divines,
Balancez vers mon cœur sans jamais l'apaiser,
L'encens mystérieux des senteurs féminines.

Pierre Louÿs, « Les Nymphes »,
La Femme, 1938

Lutin

Il faisait un beau clair de lune. Quand elle arriva au carrefour de Croaz-ann-neud, elle vit une foule de petits hommes noirauds et velus qui dansaient en rond en se tenant par la main. […]

Un des danseurs courut après elle et lui demanda :

– Voulez-vous danser avec nous, belle enfant ?

– Volontiers, répondit-elle en tremblant.

Et elle entra dans la ronde et dansa.

Captivée par l'incessant refrain des lutins de la nuit […], Lévénès ne s'aperçut pas que la ronde dérivait de la route vers la forêt. Elle se retrouva soudain au milieu des grands chênes et des châtaigniers, ses souliers à boucle d'argent emmêlés dans les champignons.

– Comment remercierons-nous cette charmante enfant pour avoir bien voulu danser avec nous ? dit l'un des danseurs.

– Faisons-lui connaître nos secrets de jouvence ! dit un autre.

Et il s'approcha d'elle d'un pas décidé, releva prestement ses cinq jupes étagées et enfouit sa face crapaudine entre ses cuisses. À peine Lévénès avait-elle ouvert la bouche pour protester qu'un deuxième lutin s'était juché sur les épaules du premier et se faufilait sous son corsage. Posté derrière elle, hissé sur la pointe des pieds, un troisième petit personnage s'était mis à lécher avidement de sa langue rugueuse la peau blanche et frémissante de la pauvre enfant. Lévénès devint rouge comme pomme d'api ; elle ne voyait même plus les autres danseurs de la nuit qui avaient repris leur ronde endiablée autour du groupe.

La joyeuse farandole se poursuivit jusqu'à l'aube.

Conte recueilli par François-Marie Luzel
à Plouaret en 1869

Métaphores

Première Fleur versa du vin pour Madame Ping et pour son invité Hsi-Mên et laissa le couple à leurs plaisirs coupables. Se croyant seuls, les deux amants ôtèrent rapidement leurs vêtements en soupirant et se fouillèrent avec des doigts avides : lui les creux de ses aisselles et de son ventre à elle et ses fruits secrets, mûrs et succulents ; elle la stèle de jade qui s'était érigée et le riche coffret du plaisir. Mais que se passe-t-il ? Première Fleur, la coquine, avait percé un trou dans la paroi de papier de façon à pouvoir espionner les amants pris par leurs jeux. La jeune fille impudique est suffisamment proche pour sentir sur son visage le souffle des soupirs de sa maîtresse pendant que la langue de son amant ouvre les champs de cinabre parfumés. La servante était si près d'elle qu'elle pouvait même entendre le son de la flûte de jade qui glissait entre la langue et les lèvres de sa maîtresse. Quelle est donc cette scène ? La luisante fontaine de jade était maintenant offerte à lui, et le tigre blanc traverse à grands bonds les champs de neige. La cadence augmente et les deux amants se réclament à voix haute, Madame Ping plus bruyamment par ses deux bouches, quand la prune pourpre bouge entre ses lèvres. Elle se tourne pour éperonner son cavalier, ses cheveux dansant sur son visage. Qui pourrait rester sec dans une telle tempête ? Même la coupe de Première Fleur était maintenant pleine et ses doigts dansaient dans la brume humide. Ils sont désormais tous perdus. Hsi-Mên hurle au jaillissement de sa sève de feu, Madame Ping gémit les jambes secouées par le tonnerre et dehors dans le froid une petite créature est parcourue de frissons.

Jing P'ing Mei,
« Fleur de prune dans le vase d'or »,
période Ming

Muet

Or, un jour cependant, où Masetto se reposait après avoir beaucoup travaillé, deux jeunes religieuses qui se promenaient dans le jardin, s'approchèrent de l'endroit où il se trouvait en feignant de dormir, et commencèrent à le regarder jusqu'au moment où l'une des religieuses, un peu plus hardie, dit à l'autre […] : « C'est l'homme tout indiqué pour faire ce genre de choses, étant donné que quand bien même il le voudrait, il ne pourrait ni ne saurait le répéter. »

[…] Masetto entendait toute cette conversation […] ; la religieuse le prit par la main avec des gestes aimables, tandis que Masetto riait de façon stupide […] chacune voulut plus d'une fois voir comment le muet savait chevaucher ; puis elles en bavardaient souvent entre elles, s'avouant que c'était bien et même mieux encore que tout ce qu'on avait pu leur en dire et ainsi, choisissant le moment opportun aux heures adéquates, elles allaient prendre du bon temps avec le muet. […] Finalement l'abbesse, qui ne s'était encore aperçue de rien, se promenait un jour toute seule dans le jardin par une très forte chaleur, lorsqu'elle trouva endormi à l'ombre d'un amandier Masetto qui se fatiguait d'un rien le jour en raison de ses chevauchées nocturnes ; il était tout découvert, car le vent avait précédemment soulevé par-devant ses vêtements. À ce spectacle, la femme, qui se vit seule, céda aux mêmes appétits que ses jeunes nonnes ; ayant réveillé Masetto, elle le conduisit dans sa chambre où elle le retint plusieurs jours, s'attirant ainsi les récriminations des moniales fâchées de ce que le jardinier délaissait le potager, et elle goûta et savoura ce doux plaisir qu'elle était la première d'ordinaire à condamner.

Boccace, *Décaméron*,
Troisième journée,
1re nouvelle, [1349-1353], 1471

Nombril

Nombril, je t'aime, astre du ventre,
Œil blanc dans le marbre sculpté
Et que l'amour a mis au centre
Du sanctuaire où seul il entre
Comme un cachet de volupté !

Théophile Gautier, « Le Nombril »,
in *Galanteries amoureuses*, 1873

Nudité

Un frisson remua la salle. Nana était nue. Elle était nue avec une tranquille audace, certaine de la toute-puissance de sa chair. Une simple gaze l'enveloppait ; ses épaules rondes, sa gorge d'amazone dont les pointes roses se tenaient levées et rigides comme des lances, ses larges hanches qui roulaient dans un balancement voluptueux, ses cuisses de blonde grasse, tout son corps se devinait, se voyait sous le tissu léger, d'une blancheur d'écume. C'était Vénus naissant des flots, n'ayant pour voile que ses cheveux. Et, lorsque Nana levait les bras, on apercevait, aux feux de la rampe, les poils d'or de ses aisselles. Il n'y eut pas d'applaudissement. Personne ne riait plus, les faces des hommes, sérieuses, se tendaient, avec le nez aminci, la bouche irritée et sans salive.

Émile Zola, *Nana*, 1880

Nymphette

Lolita, lumière de ma vie, feu de mes reins. Mon péché, mon âme. Lo-li-ta : le bout de la langue fait trois petits pas le long du palais pour taper, à trois, contre les dents. Lo. Li. Ta. Le matin elle était Lo, simplement Lo, avec un mètre quarante-six et son unique chaussette. Elle était Dolly à l'école. Elle était Dolorès sur les pointillés. Mais dans mes bras, elle était toujours Lolita. […] Elle était musicienne et exquise comme sa pomme. Ses jambes, qui reposaient en travers de mes genoux ardents, se contractaient imperceptiblement ; je les caressais, et elle, Lola la petite minette, étendue presque de tout son long dans le coin droit, continuait de se prélasser, dévorant son fruit immémorial, chantant à travers la pulpe juteuse, perdant sa pantoufle, frottant le talon de son pied déchaussé qu'agrémentait une chaussette tire-bouchonnée contre la pile de vieilles revues entassées à ma gauche sur le sofa – et chaque mouvement qu'elle faisait, chaque contorsion ou ondulation, m'aidait à dissimuler et à perfectionner le secret système de correspondance tactile entre la belle et la bête – entre ma bête muselée sur le point d'éclater et la beauté de son corps creusé de fossettes enveloppé dans cette chaste robe en coton. […] Il y avait, je le jure, une ecchymose violette et jaunâtre sur sa charmante cuisse de nymphette que mon énorme main velue massait et enveloppait lentement – et comme ses sous-vêtements étaient plutôt sommaires, rien ne semblait plus pouvoir empêcher mon pouce musclé d'atteindre le creux de son aine brûlante, [...], et elle se démena, se contorsionna et rejeta la tête en arrière, ses dents effleurant sa lèvre intérieure luisante tandis qu'elle se détournait à demi, et alors, messieurs du jury, ma bouche gémissante toucha presque son cou nu tandis que j'écrasais contre sa fesse le dernier spasme de l'extase la plus longue qu'ait connue homme ou monstre.

Vladimir Nabokov, *Lolita* [1955]
Gallimard, 2001,
Trad. Maurice Couturier

Ondinisme

Ainsi, à peine m'avait-elle demandé de ne plus me branler seul (nous étions en haut d'une falaise), elle me déculotta, me fit étendre à terre et, se troussant, s'assit sur mon ventre et s'oublia sur moi. Je lui mis dans le cul un doigt que mon foutre avait mouillé. Elle se coucha ensuite la tête sous ma verge, et prenant appui des genoux sur mes épaules, leva le cul en le ramenant vers moi qui maintenait ma tête à son niveau.

– Tu peux faire pipi en l'air jusqu'au cul, demanda-t-elle ?

– Oui, répondis-je, mais la pisse va couler sur ta robe et sur ta figure.

– Pourquoi pas, conclut-elle, et je fis comme elle avait dit, mais à peine l'avais-je fait que je l'inondai à nouveau, cette fois de foutre blanc. Cependant l'odeur de la mer se mêlait à celle du linge mouillé, de nos ventres nus et du foutre. Le soir tombait et nous restions dans cette position, sans mouvement, quand nous entendîmes un pas froisser l'herbe.

Georges Bataille,
Histoire de l'œil, 1928

Pas

Tes pas, enfants de mon silence,
Saintement, lentement placés,
Vers le lit de ma vigilance
Procèdent muets et glacés.

Personne pure, ombre divine,
Qu'ils sont doux, tes pas retenus !
Dieux !... tous les dons que je devine
Viennent à moi sur ces pieds nus !

Si, de tes lèvres avancées,
Tu prépares pour l'apaiser,
À l'habitant de mes pensées
La nourriture d'un baiser,

Ne hâte pas cet acte tendre,
Douceur d'être et de n'être pas,
Car j'ai vécu de vous attendre,
Et mon cœur n'était que vos pas.

Paul Valéry, « Les Pas », *Charmes*, 1922

Passante

La rue assourdissante autour de moi
hurlait.
Longue, mince, en grand deuil, douleur
majestueuse,
Une femme passa, d'une main fastueuse
Soulevant, balançant le feston et l'ourlet ;

Agile et noble, avec sa jambe de statue.
Moi, je buvais, crispé comme un
extravagant,
Dans son œil, ciel livide où germe
l'ouragan,
La douceur qui fascine et le plaisir qui tue.

Un éclair... puis la nuit ! – Fugitive beauté
Dont le regard m'a fait soudainement
renaître,
Ne te verrai-je plus que dans l'éternité ?

Ailleurs, bien loin d'ici ! trop tard ! jamais
peut-être !
Car j'ignore où tu fuis, tu ne sais où je vais,
Ô toi que j'eusse aimée, ô toi qui
le savais !

Charles Baudelaire, « À une passante »,
Les Fleurs du Mal, 1857

Phallus

La seule façon de l'exciter était de le regarder. Et désormais Marianne était en proie à un désir fou. Le portrait était sur le point d'être achevé et Marianne connaissait chaque partie de son corps, la couleur de sa peau, si claire et si dorée, la forme de chacun de ses muscles, et par-dessus tout son sexe constamment en érection, lisse, dur, attirant. […] Elle finit par perdre le contrôle d'elle-même et s'agenouilla devant ce sexe dressé. Elle ne le toucha pas mais se contenta de le regarder en murmurant : « Qu'il est beau ! » Cela eut sur lui un effet évident. Son sexe se durcit encore plus sous l'effet du plaisir. Elle était agenouillée très près de son pénis, qui était maintenant tout près de sa bouche, mais de nouveau elle se contenta de dire : « Qu'il est beau ! » Comme il ne bougeait pas, Marianne s'approcha, ouvrit légèrement les lèvres et avec une infinie délicatesse effleura la pointe de son sexe avec sa langue. Il ne bougea pas. Il resta là à regarder le visage de Marianne et la façon dont sa langue sortait de ses lèvres pour caresser l'extrémité de son sexe. Elle le lécha doucement, avec la délicatesse d'un chat, puis elle en prit une partie dans sa bouche et referma ses lèvres autour. Le pénis tremblait.

Anaïs Nin,
Vénus érotica, Stock, 1978,
Trad. Béatrice Commengé

Pied

Un jour qu'il se promenait sur le Boulevard du Temple, il aperçut dans un jardin une jeune personne ravissante […]. Après avoir fait quelques tours dans les allées, elle vint dans la barrière qui régnait devant le jardin. Elle s'assit, et posa son joli pied sur une chaise, de sorte qu'on le voyait en entier. Rien de si charmant dans la nature, par sa petitesse, par la grâce et l'élégance de la chaussure : c'était un soulier de couleur puce brodé et garni d'un cordonnet en argent sur les coutures ; le talon mince était assez haut, mais placé de manière qu'il ne faisait pas refouler le pied ; la forme par-devant était la plus mignonne qu'on puisse voir. Saintepallaie était hors de lui-même : il alla et revint cent fois sur ses pas, pour jeter à la dérobée un coup d'œil sur le joli pied : quelquefois il levait les yeux plus haut pour admirer la figure ravissante de celle qui possédait cet appas vainqueur. […] Saintepallaie sentit, à l'émotion de son cœur, que ce n'était pas un simple goût, mais l'amour même que venait de lui inspirer la belle au joli pied.

Restif de La Bretonne,
« Le Joli Pied »,
Les Contemporaines, 1780

Pluie

Elle se leva et se mit à enlever rapidement ses bas, puis sa robe et ses dessous ; et il retenait son souffle. Ses seins pointus et aigus d'animal pointaient et bougeaient à chacun de ses mouvements. Elle était couleur d'ivoire dans la lumière verte. Elle remit ses souliers de caoutchouc, et sortit en courant, avec un petit rire sauvage, présentant ses seins à la lourde pluie et étendant les bras et dansant, indistincte dans la pluie, ces danses eurythmiques qu'elle avait apprises il y avait si longtemps à Dresde. Elle courait de-ci, de-là, étrange forme pâle, s'élevant et se courbant, en sorte que la pluie tombait et brillait sur ses hanches pleines, se relevant et s'avançant de nouveau à travers la pluie, le ventre en avant, puis se baissant encore, de sorte que seuls ses fesses et ses reins s'offraient à l'homme en une sorte d'hommage, d'acte sauvage, d'obédience.

Il rit d'un rire faux et enleva lui aussi ses vêtements. C'en était trop. Il s'élança, nu et blanc, avec un petit frisson, dans la lourde averse. Flossie sauta devant lui avec un petit aboiement frénétique. Constance, les cheveux tout mouillés et collant à sa tête, tourna son visage échauffé et le vit. Ses yeux bleus étincelèrent et elle s'élança en un curieux mouvement de charge, hors de la clairière et dans le petit sentier, fouettée par les buissons mouillés. Elle courait et il ne voyait rien qu'une tête ronde et mouillée, un dos mouillé, penché en avant dans sa fuite, et des fesses arrondies, brillantes de pluie : une admirable et peureuse nudité de femme en fuite.

D. H. Lawrence, *L'Amant de Lady Chatterley*, 1928, *op. cit.*

Pollutions

Au détroit fougueux de la vie, dès que s'épanche en nous
la semence première, le jour de sa maturation,
de l'extérieur confluent les images de divers corps,
promesses d'un beau visage et d'un teint éclatant,
qui excitent les régions gonflées par la semence :
ainsi dans l'illusion d'avoir consommé l'acte,
on la répand à flots, souillant ses vêtements. [...]

Lucrèce, *De rerum natura*, IV,
Flammarion, 1997,
Trad. José Kany-Turpin

Préliminaires

Sache, ô Vizir (que la miséricorde de Dieu t'accompagne !), que si tu désires expérimenter un rapport agréable qui procure la même satisfaction et le même plaisir aux deux partenaires, il est nécessaire de commencer par les jeux amoureux avec la femme et de l'exciter en la mordillant, l'embrassant et la caressant. Fais-la rouler sur le lit, tantôt sur le dos, tantôt sur le ventre jusqu'au moment où tu vois dans ses yeux que le moment du plaisir est arrivé. [...] Donc, quand tu vois les lèvres d'une femme rougir et trembler, ses yeux se faire languissants et que ses soupirs sont profonds, sache qu'elle désire faire l'amour et que c'est le moment de te mettre entre ses cuisses et de la posséder. Si tu suis mes conseils, vous jouirez ensemble d'un rapport très agréable qui vous laissera un souvenir délicieux. Quelqu'un a dit : « Si tu désires faire l'amour, couche la femme par terre, enlace-la fortement, et joignez vos lèvres ; puis serre-la, suce-la, mords-la, embrasse-la sur le cou, sur les seins, sur le ventre et sur les hanches, maltraite-la jusqu'à ce que tu la voies tremblante de désir. Quand elle atteint cet état, introduis ton pénis. Si tu agis ainsi, votre jouissance sera simultanée et cela est le secret du plaisir. Si tu négliges ces préliminaires, la femme ne comblera pas tes désirs et n'éprouvera quant à elle aucune satisfaction. »

Cheikh Nefzawi, *Jardin parfumé*, 1510

Queue

MME DE SAINT-ANGE : Ce sceptre de Vénus, que tu vois sous tes yeux, Eugénie, est le premier agent des plaisirs de l'amour, on le nomme membre par excellence : il n'est pas une seule partie du corps humain dans laquelle il ne s'introduise ; toujours docile aux passions de celui qui le meut, tantôt il se niche là (elle touche le con d'Eugénie), c'est sa route ordinaire... la plus usitée, mais non pas la plus agréable ; recherchant un temple plus mystérieux, c'est souvent ici (elle écarte ses fesses et montre le trou de son cul) que le libertin cherche à jouir : nous reviendrons sur cette jouissance la plus délicieuse de toutes ; la bouche, le sein, les aisselles lui présentent souvent encore des autels où brûle son encens ; et quel que soit enfin celui de tous les endroits qu'il préfère, on le voit, après s'être agité quelques instants, lancer une liqueur blanche et visqueuse dont l'écoulement plonge l'homme dans un délire assez vif pour lui procurer les plaisirs les plus doux qu'il puisse espérer de sa vie.
EUGÉNIE : Oh ! que je voudrais voir couler cette liqueur !
MME DE SAINT-ANGE : Cela se pourrait par la simple vibration de ma main ; vois comme il s'irrite à mesure que je le secoue, ces mouvements se nomment pollution, et en terme de libertinage, cette action s'appelle branler.
EUGÉNIE : Oh ! ma chère amie, laisse-moi branler ce beau membre.
DOLMANCÉ : Je n'y tiens pas ! laissons-la faire, madame, cette ingénuité me fait horriblement bander.

Sade, *La Philosophie
dans le boudoir*, 3e dialogue, 1795

Rêve

Le rêve de Meaume est celui-ci : Il est à dormir dans sa mansarde de Bruges (dans le logement que Jean Heemkers lui a accordé au-dessus de son appartement, au troisième étage de la maison sur le canal). Son sexe se dresse brusquement au-dessus de son ventre. La lumière blanche, épaisse, torride du soleil ruisselle autour du buste nu d'une jeune femme blonde au long cou. La lumière déborde tous les contours de son corps, rongeant les silhouettes de ses joues et de ses seins. C'est Nanni Veet Jakobsz. Elle penche la tête. Elle s'assied sur lui. Elle le plonge en elle d'un coup. Il jouit.

Pascal Quignard,
Terrasse à Rome, Gallimard, 2000

Sadomasochisme

« Donne-moi la cravache, Haydée », ordonne Wanda avec un calme inquiétant. La négresse la lui tend en s'agenouillant devant sa maîtresse. [...] « La jaquette, là-bas ! » commande encore Wanda. Haydée lui apporte vivement la kazabaïka bordée d'hermine qui était posée sur le lit et Wanda l'enfile avec un mouvement d'une grâce inimitable. « Attachez-le à cette colonne. » [...] Les coups tombent prompts et drus avec une force terrible sur mon dos, mes bras et ma nuque. Je serre les dents pour ne pas crier. L'un d'eux m'atteint en plein visage. Le sang chaud se met à couler, mais elle rit et continue à frapper. « C'est seulement maintenant que je te comprends, s'écrie-t-elle. C'est vraiment un délice que d'avoir ainsi un être en sa puissance, et de plus, un homme qui vous aime – car tu m'aimes, non ? Je vais te lacérer, le plaisir croît en moi à chaque coup que je t'applique. Allons, tords-toi de douleur, crie, hurle ! Tu ne susciteras pas de pitié chez moi ! » [...] « Mets-toi à genoux et baise-moi le pied. » Elle tend le pied sous l'ourlet de satin blanc, et moi, fou suprasensible, j'y presse mes lèvres.

Léopold von Sacher-Masoch,
Vénus à la fourrure [1870],
Minuit, 1967, Trad. Aude Willm

Saphisme

À leurs pieds il y avait une grande fourrure blanche sur laquelle elles se laissèrent tomber, les trois corps ensemble, qui se frottaient l'un contre l'autre pour se sentir seins contre seins, ventre contre ventre. Elles cessèrent d'être trois corps. Elles devinrent bouches, doigts, langues et sens. Leurs lèvres cherchaient d'autres lèvres, un sein, un clitoris. Elles étaient enlacées, bougeant très lentement. Elles s'embrassaient jusqu'à ce que leurs baisers deviennent une torture et que leur corps s'agite. Leurs mains trouvaient toujours une chair qui cédait, un orifice. La fourrure sur laquelle elles étaient dégageait une odeur animale qui se mélangeait à celle de leurs sexes. [...] Sur le corps abandonné de Bijou, Elena et Leila recommencèrent à s'embrasser, leurs mains se fouillant mutuellement, pénétraient tous les orifices jusqu'à ce qu'Elena pousse un cri. Les doigts de Leila avaient trouvé son rythme et Elena s'agrippa à elle, voulant que son plaisir explose, tandis que ses mains cherchèrent à donner à Leila la même jouissance. Elles essayèrent de jouir ensemble, mais Elena vint la première, tombant comme une masse, Leila tomba à ses côtés, offrant son sexe à la bouche d'Elena. Lorsque son plaisir se calma, Elena s'éloigna, à demi morte, et donna sa langue à Leila, lécha ses petites lèvres jusqu'à ce que Leila se contracte en gémissant. Elle mordit dans la chair de Leila qui, au paroxysme de la jouissance, ne sentit pas les dents qui s'étaient enfoncées dans sa vulve.

Anaïs Nin,
Vénus érotica, *op. cit.*

Seins

[...] Il y a encore la marque de ses dents là où il a essayé de mordre le bout je n'ai pu m'empêcher de crier comme ils sont méchants de vouloir nous faire du mal ils étaient bien gonflés de lait [...] le Docteur Brady qui m'a fait l'ordonnance à la belladone j'étais forcée de les lui faire téter ils étaient si durs il disait que c'était plus sucré et plus épais que les vaches et puis après il voulait me traire dans le thé vraiment [...] il a été une heure après eux j'ai vu à la pendule comme un gros bébé que j'aurais eu pendu là ils veulent tout mettre dans leur bouche tout le plaisir qu'ils peuvent tirer d'une femme je sens encore sa bouche Ô Seigneur il faut que je m'étire je voudrais qu'il soit ici ou quelqu'un d'autre pour me laisser aller avec et pour jouir encore comme ça je me sens toute en feu à l'intérieur ou si je pouvais rêver ça quand il m'a fait jouir la deuxième fois en me chatouillant par derrière avec son doigt j'ai joui pendant près de cinq minutes avec mes jambes autour de lui il a fallu que je le tienne serré après Ô Seigneur j'avais envie de hurler toutes sortes de choses chiasse merde ou n'importe quoi [...] jeudi vendredi un samedi deux dimanche trois Ô Seigneur je ne peux pas attendre jusqu'à lundi.

James Joyce, *Ulysse*, [1922],
Gallimard, 1984, Trad. Auguste Morel
révisée par Valéry Larbaud

Travestissement

Il y avait dans le palais d'hôtes des fenêtres grillagées qui donnaient sur des jardins intérieurs. Comme il se mettait à l'une d'elles, il vit la grande porte s'ouvrir et laisser passer vingt jeunes servantes : dix blanches et dix noires. Croyant son beau-frère parti et le palais vide, l'épouse de son frère s'avançait en cette compagnie, toute de grâce et de beauté. Le cortège parvint à une vasque. On s'assit autour du jet d'eau, tout le monde se déshabilla et il se révéla que les servantes noires étaient des hommes. La reine cria alors un nom : « Mas'ûd ». Un esclave noir sauta du haut d'un arbre et la rejoignit. Il lui mit les jambes en l'air, se glissa entre ses cuisses et la posséda. À ce signal, chaque esclave s'unit à l'une des jeunes filles. Ils ne cessèrent de se donner des baisers, de s'enlacer, de se prendre et de se reprendre jusqu'à la tombée de la nuit. Lorsqu'il vit tout cela, le jeune roi se dit : « Par ma foi, mon malheur est moins grand que celui de mon frère, j'ai été moins humilié et affligé que lui dont le harem accueille dix esclaves déguisées en servantes. Ce qui s'est passé là est bien plus terrible que ce que j'ai enduré. » Il s'en fut donc boire et se restaurer jusqu'au retour de Shâhriyâr.

« Conte du Roi Shâhriyâr... »,
Les Mille et Une Nuits,
Gallimard, 1991,
Édition de J. E. Bencheikh
et André Miquel

Uranisme

Ne chante pas ce soir les « Costauds
de la Lune ».
Gamin d'or sois plutôt princesse
d'une tour
Rêvant mélancolique à notre pauvre
amour ;
Ou sois le mousse blond qui veille à
la grand' hune.
Il descend vers le soir pour chanter
sur le pont
Parmi les matelots à genoux et nu-tête
« L'Ave Maris Stella ». Chaque matin
tient prête
Sa verge qui bondit dans sa main
de fripon.
Et c'est pour t'emmancher, beau mousse
d'aventure,
Qu'ils bandent sous leur froc les
matelots musclés.
Mon Amour, mon Amour, voleras-tu
les clés
Qui m'ouvriront le ciel où tremble
la mâture [...]

Jean Genet,
« Le Condamné à mort », 1952

Voir

Quel bonheur fut le mien, ô nuit ma bonne étoile, ô lit que mon plaisir a béatifié ! Que de choses nous nous sommes dites à la lueur de la lampe et, la lumière ôtée, quel corps à corps ce fut ! Oui, je l'ai vue m'assaillir, les seins nus, je l'ai vue aussi, dans son dernier vêtement, tenter de me retarder. Ce furent ses lèvres qui ont fait se rouvrir mes yeux fatigués et qui ont dit : « Alors, paresseux, on dort ? » Que de variété dans les étreintes qu'essayaient nos bras, que de constance dans nos baisers qui s'attardaient sur tes lèvres ! Il est désagréable de gâter le plaisir en gestes à l'aveuglette : le désir a les yeux pour guides, au cas où tu l'ignorerais [...] Si tu fais l'entêtée et gardes tes vêtements au lit, ton linge déchiré connaîtra la force de mon bras ; ce n'est pas tout : si tu me pousses davantage à bout, tu pourras aller montrer à ta mère les bras que je t'aurai meurtris. [...] Tant que la vie nous le permet, comblons de plaisir nos yeux : ce qui t'attend est une longue nuit, avec un jour qui ne se lèvera plus. Ah, si tu voulais bien nous enchaîner dans les bras l'un de l'autre, d'une chaîne qu'aucun avenir ne saurait détacher ! Vois plutôt les colombes, comment l'amour les enchaîne, mâle et femelle, le couple parfait.

Properce, *Élégies*, II, 15,
in *L'Élégie érotique romaine*,
Seuil, 1983, Trad. Paul Veyne

Violence

Quel est l'homme expérimenté qui ne mêlerait pas les baisers aux paroles d'amour ? Même si elle ne les rend pas, prends-les, sans qu'elle les rende. D'abord elle résistera peut-être et t'appellera « insolent » ; tout en résistant, elle désirera d'être vaincue. Mais ne va pas lui faire mal par des baisers maladroits sur ses lèvres délicates, et garde bien qu'elle puisse se plaindre de ta rudesse. Prendre un baiser et ne pas prendre le reste, c'est mériter de perdre même les faveurs accordées ! Qu'attendais-tu, après un baiser, pour réaliser tous tes vœux ? Hélas, tu as fait preuve de manque d'usage, et non de retenue. C'aurait été de la violence, dis-tu ; mais cette violence est agréable aux femmes ; ce qu'elles aiment à donner, souvent elles veulent l'accorder malgré elles. Une femme, prise de force brusquement par un vol amoureux, s'en réjouit ; cette insolence vaut pour elle un présent. Mais celle qu'on pouvait forcer, et qui se retire intacte, peut bien affecter la joie sur son visage ; elle sera triste.

Ovide, *L'Art d'aimer*, I [an 1], *op. cit.*

Vulve

Je te salue, ô merveillette fente
Je te salue, ô merveillette fente,
Qui vivement entre ces flancs reluis ;
Je te salue, ô bienheureux pertuis,
Qui rend ma vie heureusement contente !
[...]
Ô petit trou, trou mignard, trou velu,
D'un poil folet mollement crespelu,
Qui à ton gré domptes les plus rebelles :
Tous vers galans devraient, pour t'honorer,
À beaux genoux te venir adorer,
Tenant au poing leurs flambantes chandelles !

Ronsard, *Les Folastries*, 1553

Wagon

L'hiver, nous irons dans un petit wagon rose
Avec des coussins bleus.
Nous serons bien. Un nid de baisers fous repose
Dans chaque coin moelleux.

Tu fermeras l'œil, pour ne point voir, par la glace,
Grimacer les ombres des soirs,
Ces monstruosités hargneuses, populace
De démons noirs et de loups noirs.

Puis tu te sentiras la joue égratignée...
Un petit baiser, comme une folle araignée,
Te courra par le cou...
Et tu me diras : « Cherche ! » en inclinant la tête,
Et nous prendrons du temps à trouver cette bête
Qui voyage beaucoup...

Arthur Rimbaud,
« Rêvé pour l'hiver », 7 octobre 1870

Classé X

Cet été, j'ai regardé pour la première fois un film classé X à la télévision, sur Canal +. Mon poste n'a pas de décodeur, les images sur l'écran étaient floues, les paroles remplacées par un bruitage étrange, grésillements, clapotis, une sorte d'autre

langage, doux et ininterrompu. On distinguait une silhouette de femme en guêpière, avec des bas, un homme. L'histoire était incompréhensible et on ne pouvait prévoir quoi que ce soit, des gestes et des actions. L'homme s'est approché de la femme. Il y a eu un gros plan, le sexe de la femme est apparu, bien visible dans les scintillements de l'écran, puis le sexe de l'homme, en érection, qui s'est glissé dans celui de la femme. Pendant un temps très long, le va-et-vient des deux sexes a été montré sous plusieurs angles. La queue est réapparue ente les mains de l'homme, et le sperme s'est répandu sur le ventre de la femme. On s'habitue certainement à cette vision, la première fois elle est bouleversante. Des siècles et des siècles, des centaines de générations et c'est maintenant seulement, qu'on peut voir cela, un sexe de femme et un sexe d'homme s'unissant, le sperme – ce qu'on ne pouvait regarder sans presque mourir devenu aussi facile à voir qu'un serrement de main.
Il m'a semblé que l'écriture devait tendre à cela, cette impression que provoque la scène de l'acte sexuel, cette angoisse et cette stupeur, une suspension du jugement moral.

Annie Ernaux,
Passion simple, Gallimard, 1991

Yeux

On s'embrasse. Et puis on s'embrasse encore. Et puis encore. Et encore… On se lèche partout… Elle me suce, je la suce… Elle me mange lentement les couilles, comme ça, en mâchant doucement. Elle fait saillir mon gland de ses longs doigts souples, reste là, au bout du bout de la langue. Et puis on se prend, on se prend vraiment, chaleur contre chaleur, tremblement contre tremblement… Il y a celles avec qui on jouit en même temps, rarement, follement […] et les autres avec lesquelles on fait l'amour, ce n'est pas la même chose […]. On doit recourir aux torsions de la perversion… Ce n'est plus la vibration… Qui est là ou qui n'est pas là, comme c'est étrange… « Tu es mon chien soyeux », dit Cyd, des trucs idiots de ce genre… Mais un seul regard de ses yeux verts me fait bander un peu plus dedans…

Philippe Sollers, *Femmes*,
Gallimard, 1983

Zoophilie

La dame alors se débarrasse de tout voile, et quitte jusqu'à la ceinture qui contenait deux globes charmants. Elle s'approche de la lumière, prend dans un flacon d'étain une huile balsamique dont elle se parfume des pieds à la tête, et dont elle me frotte aussi copieusement, surtout aux jambes et aux naseaux. Elle me couvre alors de baisers […] entremêlés de tendres protestations : Je t'aime, je t'adore, je brûle pour toi, je ne puis vivre sans toi ; tout ce que femme, en un mot, sait dire pour inspirer l'amour ou pour le peindre. Elle me prend ensuite par la bride, et me fait aisément coucher. J'étais bien dressé à la manœuvre, et n'eus garde de me montrer rétif ou novice, en voyant, après si longue abstinence, une femme aussi séduisante ouvrir pour moi ses bras amoureux. […] Mais une crainte me tourmentait fort. Comment faire, lourdement enjambé comme je l'étais, pour accoler si frêle créature, pour presser de mes ignobles sabots d'aussi délicats contours ? Ces lèvres mignonnes et purpurines, ces lèvres qui distillent l'ambroisie, comment les baiser avec cette bouche hideusement fendue, et ces dents comme des quartiers de roc ? Comment la belle enfin, si bonne envie qu'elle en eût, pourrait-elle faire place au logis pour un hôte de pareille mesure ? Malheur à moi ! me disais-je, une femme noble écartelée ! […] elle me fit bien voir que j'avais raisonné à faux et craint à tort ; que de mon fait il n'y avait rien de trop, rien de trop pour lui plaire ; car, chaque fois que, par ménagement, je tentais un mouvement de retraite, l'ennemi se portait en avant d'un effort désespéré, me saisissait aux reins, se collait à moi par étreintes convulsives, au point que j'en vins à douter si je ne péchais pas plutôt par le trop peu.

Apulée, *L'Âne d'or*, X 21-22,
IIe siècle

REPÈRES BIBLIOGRAPHIQUES

– Ariès P. et Duby G. (dir.), *Histoire de la vie privée*. t.I, *De l'Empire romain à l'An Mil*; t.II, *De l'Europe féodale à la Renaissance*; t.III, *De la Renaissance aux Lumières*; t.IV, *De la Révolution française à la Grande Guerre*; t.V, *De la Première Guerre mondiale à nos jours*, Paris, Le Seuil, 1985.
– Buffière F., *Éros adolescent. La pédérastie dans la Grèce antique*, Paris, Les Belles Lettres, 1980.
– Casta–Rosaz F., *Histoire de la sexualité en Occident*, Paris, La Martinière, 2004.
– Delon Michel, *Le Savoir-Vivre libertin*, Paris, Hachette, 2000.
– Corbin Alain, *Les Filles de noce, misère sexuelle et prostitution aux XIXe et XXe siècles*, Paris, Aubier-Montaigne, 1978.
– DoverK. J., *Homosexualité grecque*, Grenoble, La Pensée sauvage, 1982.
– Duby G. et Perrot M. (dir.), *Histoire des femmes*, 5 vol., Paris, Plon, 1991.
– Dupont F. et Éloi T., *L'Érotisme masculin dans la Rome antique*, Paris, Belin, « L'Antiquité au présent », 2001.
– Foucault M., *Histoire de la sexualité*. t.I, *La Volonté de savoir*; t.II, *L'Usage des plaisirs*; t.III, *Le Souci de soi*, Paris, Gallimard, 1976 et 1984, rééd. « Tel », 1994 et 1997.
– Jeanneret, *Eros rebelle, Littérature et dissidence à l'âge classique*, Paris, Le Seuil, 2003.
– Lo Duca, *Érotique de l'Art*, La Jeune Parque, 1966.
– Lo Duca, *Le Sexe de la femme*, La Jeune Parque, 1969.
– Marzano M., *Malaise dans la sexualité*, Paris, J.-C. Lattès, 2006.
– Muchembled R., *L'Orgasme et l'Occident. Une histoire du plaisir du XVIe siècle à nos jours*, Paris, Le Seuil, 2005.
– Nelli R., *L'Érotique des troubadours*, Toulouse, Privat, 1963, rééd. 1984.
– Rossiau J., *La Prostitution médiévale*, Paris, Flammarion, 1984, rééd. « Champs », 1990.
– Schumann Antelme R. et Rossini S., *Les Secrets d'Hathor. Amour, érotisme et sexualité dans l'Égypte pharaonique*, Paris, éd. du Rocher, 1999.
– Sergent B., *Homosexualité et initiation chez les peuples indo-européens*, Paris, Payot 1996.
– Van Neck A. et Stengers J., *Histoire d'une grande peur, la masturbation*, Paris, Pocket, 2002.
– Veyne P., « La famille et l'amour à Rome », *Annales ESC* XXXIII/1, 1978.
– Veyne P., *L'Élégie érotique romaine*, Paris, Le Seuil, 1983.
– Vigarello G., *Histoire de la beauté. Le corps et l'art d'embellir de la Renaissance à nos jours*, Paris, Le Seuil, « L'Univers historique », 2004.

TABLE DES ILLUSTRATIONS

CHAPITRE 2

CHAPITRE 3

endormie, vers 1507, h/t. Dresde, Gemäldegalerie.
58m *Idem* (détail).
58b Titien, *Vénus d'Urbino* (détail), 1538, h/t. Florence, galerie des Offices.
59h *Idem*.
59b Lorenzo Lotto, *Vénus et Cupidon*, 1523-1526, h/t. New York, Metropolitan Museum, purchase Mrs. Charles Wrightsman, gift in honor of Marietta Tree, 1986.
60g Jan Sanders van Hemessen, *Judith*, vers 1540, h/b. Chicago, Art Institute, Wirt D. Walker Fund, 1956.
60d Corrège, *Jupiter et Io*, 1530, h/t. Vienne, Kunsthistorisches Museum.
61 Bartolomeo Ammannati, *Léda et le cygne*, XVIe s., marbre. Florence, musée du Bargello.
62-63 Bernard Ryckere, *Le Festin des dieux*, XVIe s., h/t. Rennes, musée des Beaux-Arts.
64h Agnolo Bronzino, *Guidobaldo della Rovere*, 1532, h/t. Florence, palais Pitti, galerie Palatine.
64b Michel-Ange, *Captif*, dit *L'Esclave mourant*, 1513-1514, marbre. ML.
65 Hans Holbein le Jeune, *Flagellation du Christ*, XVIe s., h/b. Bâle, Kunstmuseum.
66 *La Nymphe endormie*, 1552-1580, sculpture du Bosco Sacro, Bomarzo, Latium.
67g *Julie avec un athlète*, gravure de J. J. Coiny (1798) d'après A. Carracci, 1590. Coll. part.
67hd *Jupiter et Junon*, *idem*.
67b Giulio Romano, gravure érotique *in* Pietro Aretino, *Sonetti lussuriosi* [Venise, 1527]. Coll. part.
68 Agnolo Bronzino, *Allégorie avec Vénus et Cupidon*, 1540-1550, h/b. Londres, National Gallery.
69b Vase péruvien orné d'une scène d'accouplement, terre cuite, entre 700 et 1400, New York, coll. part.
69h Jacopo Zucchi, *Allégorie de la découverte de l'Amérique*, 1575, h/cuivre. Rome, Galleria Borghese.
70 *Nuit de noces de Xosrow II et de Shirin*, miniature extraite du poème persan *Xosrow va Shirin* de Nezâmi, XVIIe s. BnF.
71 Princesse se coiffant, miniature indienne du XVIIIe s. ML.
72h Jérôme Bosch, *L'Enfer*, panneau droit du *Jardin des Délices* (détails), vers 1503, h/b. Madrid, musée du Prado.
72-73 Peter Huys, *La Tentation de saint Antoine* (détail), 1547, h/b. ML.
74h Bernin, *Extase de sainte Thérèse d'Ávila*, 1647-1652, marbre. Rome, église Santa Maria della Vittoria, chapelle Cornaro.
74-75 Bernin, *Extase de la bienheureuse Ludovica Albertoni*, 1671-1674, marbre. Rome, église San Francesco a Ripa, chapelle Altieri-Albertoni.
75h Jacques Blanchard, *Vénus et les Grâces surprises par un mortel*, 1631-1633, h/t. ML.
76 Francesco Furini, *Hylas et les nymphes*, 1638, h/t. Florence, galerie des Offices.
77h *« Madamina, il catalogo… »*, air de Leporello, acte I, scène 5 de l'opéra de Mozart, *Don Giovanni*, livret de Lorenzo da Ponte, 1787-1788, manuscrit autographe. BnF.
77b Francisco Palacios ou Antonio Pereda, *Le Rêve du chevalier*, 1670, h/t. Madrid, Museo de la Real Academia de Bellas Artes de San Fernando.

CHAPITRE 4

78 François Boucher, *La Jupe relevée*, 1742, h/t. Coll. part.
79 Cartes à jouer du XVIIIe s. Issy-les-Moulineaux, musée de la Carte à jouer.
80h Planche 17, *Album pornographique français*, XVIIe s. BnF.
80b Dé à jouer provenant des Flandres, XVIIe s., ivoire. ML.
81h Légende de la planche 3, *Album pornographique français*, XVIIe s. BnF.
81m Illustration in *L'Escole des filles ou La Philosophie des dames*, Paris, 1667.
82 *Portrait de Madeleine de Scudéry*, XVIIe s., gravure. Versailles, châteaux de Versailles et du Trianon.
82-83h *Carte du Tendre*, *in* Madeleine de Scudéry, *Clélie, histoire romaine*, Paris, A. Courbé, 1654-1661. BnF.
83m Cartouche du portrait de Madeleine de Scudéry, XVIIe s., gravure. Versailles, châteaux de Versailles et du Trianon.
83d Philippe Bergaigne, *Les Joueurs de cartes* (détail), 1699, h/t. Arras, musée des Beaux-Arts.
84 *L'Académie des dames*, à Venise, chez Pierre l'Arétin, traduction française, Grenoble, 1680. BnF, réserves Enfer.
85d Pendentif en forme de phallus, XIXe s. Paris, musée national du Moyen Âge - Thermes de Cluny.
85b Cavalier d'Arpin (Giuseppe Cesari, dit le), *Diane et Actéon*, vers 1600, h/b. ML.
86h François Boucher, *Louise O'Murphy*, 1751, h/t. Cologne, Wallraf-Richartz Museum.
86b François Boucher, *L'Odalisque* (détail), 1750, h/t. ML.
87 François Boucher, *Le Pied de Mlle O'Murphy*, 1751, pastel sur papier. Paris, musée Carnavalet.
88h *Les Mille et Une Nuits*, trad. d'Antoine Galland, Paris, 1704 ; *Le Sopha, conte moral*, par Crébillon fils, Paris, 1772 ; *Les Liaisons dangereuses ou Lettres recueillies dans une société et publiées pour l'instruction de quelques autres*, par Choderlos de Laclos, 1782. BnF.
88b Jean Honoré Fragonard, *La Gimblette*, vers 1775, h/t. Coll. part.
89h Partition anonyme de *La Moniche ou La Chatte chérie*, XVIIIe s. BnF.
89b *Le Bidet amusant ou la nécessité contraint la loi*, in *Obscénités*,

CHAPITRE 5

CHAPITRE 6

125h Couverture du *Con d'Irène*, de Louis Aragon, Paris, 1928.
125b Pablo Picasso, *Dora et le Minotaure*, Mougins, 5 septembre 1936, crayon de couleur, grattage. Paris, musée Picasso.
126g et d Rita Hayworth dans une scène du film *Gilda* de Charles Vidor, 1946, prod. Columbia.
127h Willy Ronis, *Paris, Le Caveau de la Huchette*, Saint-Germain-des-Près, 1957.
127b Détail de la couverture d'*Histoire d'O*, de Pauline Réage, Jean-Jacques Pauvert, 1975, Coll. part.
128h et 128m Brigitte Bardot sur le plateau de *Et Dieu créa la femme*, film de Roger Vadim, 1956, prod. Cocinor.
129h Carol Baker dans *Baby Doll*, film d'Elia Kazan et Tennessee Williams, 1956, Newtown Productions.
129b Affiche du film *Lolita*, de Stanley Kubrick d'après Vladimir Nabokov, avec Sue Lyon, James Mason et Peter Sellers, 1962, prod. MGM-Seven Arts.
130 Pier Paolo Pasolini, *Les Mille et Une Nuits*, avec Ninetto Davoli, 1974, prod. Artistes Associés.
131 Sylvia Kristel dans *Emmanuelle*, de Just Jaeckin, 1974, prod. Trinacre.
132h Tom Wesselman, *Monica Nude*, 1987. Coll. part.
132b Jane Fonda en mai 1970, à Washington, dans une manifestation contre la guerre du Vietnam.
133h Michelangelo Antonioni, *Zabriskie Point*, 1970, MGM Productions.
133b Pochette du 45-tours *Je t'aime moi non plus* par Jane Birkin et Serge Gainsbourg, 1969.
134 Le modèle de *Playboy* Marilyn Cole en mini-jupe dans les rues de Londres, 1974.
135h *Blow-up*, de Michelangelo Antonioni, avec David Hemmings et Veruschka von Lehndorff, 1966, Les Grands Films Classiques/MGM Productions.
135b Défilé Thierry Mugler, printemps-été 1978.
136h *L'Empire des sens*, (*Ai no korida*) de Nagisa Oshima, avec Eiko Matsuda et Tatsuya Fuji, prod. Argos Film, 1976.
136b Couverture de *Beaux Arts magazine*, nº spécial « Art et Sexe », août 2007.
137h Extrait de *Rêver peut-être, les aventures indiennes de Giuseppe Bergman*, par Milo Manara, Casterman, 1989.
137bg Couverture du magazine *Penthouse*, nº 123, avril 1995
137bd Madonna en couverture du magazine *Photo*, nº 297, nov. 1992.
138m Extrait d'une publicité pour un site érotique Internet.
138-139 Film pornographique sur une chaîne télévisée payante, dans une chambre d'hôtel au Japon, 2005.
139b Reportage de J. Goldberg pour Dolce & Gabbana, San Francisco, 2000.
140h Extrait d'un site érotique Internet.
140b Homosexuelles mimant un mariage, Londres, 1991.
141h Gay tea dance au Palace, sept. 1996.
142 Lamia Ziadé, *Great Syrian Nude*, 2007, feutre et tissu, commande de la Maison des Cultures du Monde pour l'exposition *Sexy Souks*, Paris, printemps 2007. Collection de l'artiste.
143 Jeunes amoureux, photographie de Flore-Ael-Surun, Paris, juin 2004.
144 Salvador Dali, *Jeune vierge autosodomisée*, 1954, h/t. Los Angeles, collection *Playboy*.

TÉMOIGNAGES ET DOCUMENTS

145 Jouffroy François, *Premier secret confié à Vénus*, 1839, marbre. ML.

INDEX

A

B

M

N - O

P - Q

CRÉDITS PHOTOGRAPHIQUES

AFP 135b. Agence VU / Denis Darzacq 141h. Akg images 67g, 67hd, 68, 88b, 108, 115b, 116. Akg images / Nimatallah 69h. Akg images / Werner Forman 69b. The Art Institute of Chicago 60g. Artothek / Hans Hinz 65. Bibliothèque nationale de France, Paris 34, 35, 40h, 46-47, 70, 77h, 80h, 81h, 82-83, 84, 88h, 89h, 89b, 90-91, 91, 92h, 93, 96b, 101, 104h, 108-109, 110h. Bridgeman-Giraudon 25h, 35, 39, 49, 51, 53, 62-63, 74h, 83d, 86h, 87, 92b, 94, 100h, 102b, 109, 112b, 117h, 117b. Camera Press / Brain Aris 134. Christophe L 11, 131. CNAC / MNAM Dist. CNAC / MNAM Dist. RMN / Philippe Migeat 121. CNature / S. Chirol 38. Coll. part. 26b, 56h, 67b, 81m, 90, 96h, 97, 100b, 106h, 107b, 118h, 124, 125h, 127b, 136b, 137bg, 137bd, 144. Corbis 74-75. Corbis / Christie's Images 132h. Corbis / Araldo De Luca 1, 9. DR 12, 13, 19g, 119g, 122h, 138m, 140h. Éditions Gallimard / Patrick Léger 4-5. Getty Images 132b. Institut de paléontologie humaine / A. Glory 15. Andrea Jemolo 1er plat, 2. Kharbine-Tapabor 112m, 115h, 118b, 133b. La Collection / Imagno/ Walter Vogel 2e plat. La Collection / Jean-Louis Nou 42. La Collection / Jean-Paul Dumontier 30, 36d, 40b . Leemage 32, 37, 56b, 79g, 79m, 79d. Magnum Photos / Bruno Barbey 33. Magnum Photos / Jim Goldberg 139b. Magnum Photos / David Hurn 120. Magnum Photos / Éric Lessing Intérieur couv. 17h, 21g, 21d, 22, 50, 54, 58h, 58m, 59b, 60d, 72h, 72-73, 78. Magnum Photos / Raghu Rai 43. MCM / Thierry Nava 142. Photo12.com / Oronoz 77b. Photononstop / Tipsimages 66. The Picture Desk / Dagli Orti 29. The Picture Desk / Kobal Collection 133h, 135h. Geneviève Pinçon 14b. Prod DB 123, 126g, 126d, 128h, 128m, 129h, 129b, 130, 136h. Rapho / Willy Ronis 127h. RMN 80b, 98. RMN / Daniel Arnaudet 45, 86b, 95. RMN / Daniel Arnaudet/Jean Schormans 75h. RMN / Michèle Bellot 44. RMN / Jean-Gilles Berizzi 31, 47b. RMN / Gérard Blot 82, 83m, 106b. RMN / Les frères Chuzeville 18. RMN / A. Danvers 113. RMN / Loïc Hamon 14h. RMN / Christian Larrieu 19b. RMN / Thierry Le Mage 125b. RMN / Hervé Lewandowski 20, 71, 85g, 99, 110b. RMN / Hervé Lewandowski / Franck Raux 16, 102h, 104b, 111. RMN / Georges Meguerditchian 122b. RMN / Gabriel Ojéda 3, 36g, 41, 48, 64b, 114h. RMN / Thierry Ollivier 8. RMN / Franck Raux Dos, 85d, 103h, 103b. RMN / Jean Schormans 6-7. RMN / François Vizzavona / Maryse El Garby 119d. Scala 17b, 28, 52h, 52-53, 55, 57. Scala / Art Resource / Pierpont Morgan Library 46. Scala / courtesy Ministero Beni e Att. Culturali 58b, 59h, 61, 64h, 52h. Scala / Fotografica Foglia / courtesy Ministero Beni e Att. Culturali 24, 25b, 26h, 27, 76. Sipa Press / Rex Features / Chadberg 140b. SIPA / REX / Rex Fe / Sutton-Hibbert 138-139. Soprintendenza per i Beni Archeologici, Florence 22-23. Soubrier, Paris 114b. Tendance floue / Flore-Ael-Surun 143. Wellcome Images 44d.

REMERCIEMENTS

L'auteur et l'éditeur remercient Katell Guillou pour sa contribution à l'anthologie littéraire de ce volume, ainsi que Emmanuel Pierrat, Pauline et Caroline.

ÉDITION ET FABRICATION

DÉCOUVERTES GALLIMARD
COLLECTION CONÇUE PAR Pierre Marchand. DIRECTION Elisabeth de Farcy.
COORDINATION ÉDITORIALE Anne Lemaire. GRAPHISME Alain Gouessant.
COORDINATION ICONOGRAPHIQUE Isabelle de Latour.
SUIVI DE PRODUCTION Fabienne Brifault. SUIVI DE PARTENARIAT Madeleine Giai-Levra.
RESPONSABLE COMMUNICATION ET PRESSE Valérie Tolstoï.
PRESSE David Ducreux et Alain Deroudilhe.

L'ÉROTISME. DE L'OLYMPE AU CYBER-SEXE
ÉDITION Caroline Larroche.
ICONOGRAPHIE Caterina d'Agostino.
MAQUETTE ET MONTAGE Pascale Comte et Valentina Leporé.
LECTURE-CORRECTION Jean-Paul Harris et Marie-Paule Jaffrenou.
PHOTOGRAVURE Nouveau Cap.

Chercheur et plasticien, Pierre-Marc de Biasi a suivi une formation supérieure en philosophie, littérature, architecture et arts plastiques. Directeur de recherche au CNRS, il a publié une trentaine d'ouvrages sur Flaubert, la critique génétique, l'histoire de l'art et de la littérature, l'architecture, le patrimoine écrit, le papier, l'histoire des sciences et des techniques, le lexique contemporain. Directeur de laboratoire à l'École normale supérieure, expert auprès du ministère de la Recherche, il enseigne aux universités Paris IV-Sorbonne et Paris VII-Diderot. Il est l'auteur de plusieurs films pour Arte et de nombreuses émissions pour France-Culture où il est producteur délégué. Parallèlement à ces travaux, il a réalisé, depuis 1979, une cinquantaine d'expositions (peinture, sculpture, vidéo, installations), six commandes publiques et un film pour le Centre Georges-Pompidou, *L'Inassouvissable.*

Au fantôme
de Saint-Pétersbourg.

Dépôt légal : novembre 2007
Numéro d'édition : 16186
ISBN : 978-2-07-032116-2
Imprimé en France par IME